Ressignificando a Fase de Solteiro

Maximizando as suas oportunidades como um homem solteiro

Sam McManus

Endosso

Ser solteiro não é uma maldição. É um presente—um privilégio que deveria ser direcionado para a glória de Deus. Neste livro, Sam mostra como fazer isso. Sam nos mostra um caminho antigo, enraizado na Escritura, nos apontando para o homem mais notável que já viveu: O rei Jesus. Que a propósito era solteiro. Aproveite a jornada.
—**Dr. Chris Harper**, *Principal Contador de Histórias & Presidente, BetterMan*

Como alguém que está sempre tentando entregar o meu tempo para a glória de Deus e o bem dos outros, acredito que *Ressignificando a Fase de Solteiro* é um guia convincente que enquadra o tempo como presente divino, nos impulsionando a aproveitar cada momento. O livro desafia os homens solteiros a investir no seu crescimento espiritual e uma vida intencional, ao mesmo tempo em que destaca que a vida de solteiro não é um problema a ser resolvido, mas uma oportunidade de se aproximar de Deus. *Ressignificando a Fase de Solteiro* oferece conselhos práticos e retornos pessoais e espirituais significativos. Se você é um homem solteiro, este livro é para você!
—**Jordan Raynor**, *autor do best-seller "Redimindo O Seu Tempo"*

Refletindo sobre o meu passado, eu queria ter levado a minha vida de solteiro muito mais a sério. Eu nunca estive contente com onde eu estava e constantemente me pegava olhando para frente. Sam criou um ótimo recurso para homens que, como eu, precisam levar esse momento da vida mais a sério. É tão importante abordar essas questões agora para que você possa ser tudo o que Deus o chamou para ser quando chegar a hora certa de cortejar uma mulher! O casamento não é o fim de tudo e eu garanto que não resolverá todos os seus problemas. Deixe este livro guiá-lo por esta temporada antes de embarcar no próximo capítulo!
—**Christian Huff**, *Fundador 4:8 Men*

Com quem você vai se casar é sem dúvida a decisão mais importante que você vai fazer desse lado do céu. Mas e a respeito do "quem" com o qual essa mulher pode se casar? Quem essa pessoa está se tornando? E se você nunca se casar deste lado do céu, mas conhece Jesus, haverá

uma ceia de casamento um dia e você será o convidado de honra. Quem essa pessoa está se tornando? O que eu amo sobre este livro é o fato dele não ser apenas um livro sobre a vida de solteiro, mas um novo olhar sobre identidade e quem você está se tornando. Escrito com humildade e compaixão genuína pelos jovens, Sam fornece uma perspectiva eterna para viver plenamente o reino de Deus em sua vida de solteiro.
—**Joshua Straub**, Ph.D., *Co-fundador e autor, Famous at Home*

Ressignificando a Fase de Solteiro oferece uma exploração poderosa e oportuna do que significa ser um homem solteiro através de uma ótica bíblica na cultura de hoje. Ele desafia estereótipos culturais e fornece uma nova perspectiva sobre a vida de solteiro, enfatizando propósito, identidade e crescimento espiritual. Com sabedoria prática e profundo conhecimento teológico, este livro empodera homens solteiros a encarar essa fase única da vida com confiança e clareza, fundamentando suas jornadas na verdade de Deus e preparando-os para o que Ele tem reservado. Quem você está se tornando hoje irá te preparar para como Deus irá usá-lo amanhã. Não desperdice este tempo valioso de influência e preparação. Sou grato ao meu amigo Sam McManus, que escreveu um livro tão útil e oportuno!
—**Jonathan Morrow**, *autor de "Welcome to College: A Christ Follower's Guide for the Journey" e Diretor de Engajamento Cultural e Discipulado Estudantil, Instituto Impact 360*

A grama nem sempre é mais verde do outro lado. Ela só é verde onde você rega. Deus colocou você de forma única, exatamente onde você deveria estar. Aprender a aceitar essa verdade e maximizar o momento de vida em que você está é como estar numa situação onde falar é mais fácil do que fazer. *Ressignificando a Fase de Solteiro* é um guia incrível para ajudar você a aprender a conduzir a fase em que Deus o colocou da melhor maneira possível.
—**Hampton Dortch**, *Apresentador, Podcast Wake Up and Lead*

Ressignificando a Fase de Solteiro fornece um roteiro abrangente para cumprir a vida que Deus tem para você e diferentes maneiras que você pode ter o controle da sua vida. Este livro mostra que você tem um chamado alto e nobre, aqui e agora, em sua vida de solteiro. Retome a

identidade que Deus te deu e faça sua parte para se tornar o homem que Deus o chamou para ser e observe Ele transformá-lo para sempre.
—**Matt Long**, *Apresentador, Podcast No Man Is An Island*

Ressignificando a Fase de Solteiro é mais do que apenas um guia—é um convite que prepara os homens em sua vida de solteiro. Sam não oferece apenas conselhos, ele equipa você com ferramentas para transformar esta fase em um propósito aprofundado e de crescimento espiritual. Seu foco em identidade e missão ressoa profundamente com conversas que eu tenho no meu Podcast, onde homens que estão buscando viver plenamente para Deus, não esperam por um momento futuro para começar a jornada deles. *Ressignificando a Fase de Solteiro* é uma leitura essencial para qualquer homem que esteja pronto para viver sua vida de solteiro com intenção e propósito hoje.
—**Carlton French**, *Apresentador, Podcast The Single Man*

Todos os direitos reservados. Este livro é protegido por direitos autorais. Nenhuma parte deste livro pode ser reproduzida ou transmitida de nenhuma forma ou por nenhum meio, incluindo fotocópias ou cópias digitalizadas ou outras cópias eletrônicas, ou utilizada por qualquer sistema de armazenamento e recuperação de informações sem a permissão por escrito do detentor dos direitos autorais.

Citações bíblicas marcadas (NVI) são retiradas da Bíblia Sagrada, Nova Versão Internacional®, NVI®. Direitos Autorais © 1973, 1978, 1984, 2011 por Bíblica, Inc.™. Usado com permissão da Zondervan. Todos os direitos reservados em todo o mundo. www.zondervan.com. A "NVI" e a "Nova Versão Internacional" são marcas registradas no Escritório de Patentes e Marcas dos Estados Unidos pela Bíblica, Inc. ™ As citações bíblicas são da Bíblia ESV® (A Bíblia Sagrada, Versão Padrão Inglesa®), © 2001 por Crossway, um ministério de publicação da Good News Publishers. Usado com permissão. Todos os direitos reservados. O texto ESV não pode ser citado em nenhuma publicação disponibilizada ao público por uma licença Creative Commons. A ESV não pode ser traduzida no todo ou em parte para nenhum outro idioma. As escrituras marcadas como BKJ são retiradas da VERSÃO BÍBLIA DO KING JAMES (BKJ): VERSÃO KING JAMES, domínio público. Citações bíblicas marcadas (CEV) são da Contemporary English Version Direitos Autorais © 1991, 1992, 1995 pela American Bible Society. Usado com permissão.

Direitos Autorais © 2025 por Sam McManus
ISBN 978-1-7364031-4-3
Impresso nos Estados Unidos da América.
Criação da capa por Austin King

Título Original: Reclaiming Singleness: Maximizing Your Opportunities as a Young Single Man, Sam McManus

Título Traduzido: Ressignificando a Fase de Solteiro: Maximizando as suas oportunidades como um homem solteiro, Tradução por Julia Arruda Nacimiento

Sumário

Prefácio — 13

Introdução: A vida de solteiro não é o problema — 17

PARTE UM
Descubra sua identidade

1: Identidade — 27
2: Identidade em perigo — 33
3: A verdade da identidade — 39
4: As marcas da masculinidade — 47
5: Solteiro para a vida toda? — 57

PARTE DOIS
Encontre a liberdade

6: Deixe a liberdade ecoar — 67
7: Luxúria — 73
8: A coceira pela intimidade — 79
9: Irritando a coceira — 87
10: Os oito "As" — 95
11: Coração acima dos hábitos — 107
12: Como os hábitos ajudam — 113

PARTE TRÊS
Perceba as oportunidades

13: Estabeleça o hábito de servir — 121
14: Cultive a permanência em Cristo — 127
15: Descubra a liberdade financeira — 137
16: Desenvolva um corpo saudável — 143

17: Trabalhe de forma não convencional — *151*
18: Crie uma comunidade — *159*
19: Desenvolva a liderança — *167*
20: Compartilhe o evangelho — *173*
21: Aproveite e explore — *179*
22: Busque em Oração — *183*

PARTE QUATRO
Corteje com sabedoria

23: O que é essa coisa toda de cortejar alguém? — *191*
24: Cortejando como Cristo — *195*
25: Quando cortejar — *199*
26: Como e quando cortejar — *205*

Agradecimentos — *215*

Prefácio

Como muitos solteiros, eu vivi anos descontentes. Eu sabia que eu tinha problemas – muitos problemas. Vi aqueles que eram casados vivendo vidas aparentemente contentes e felizes. Eu queria o casamento, e eu queria muito me casar. *Se eu pudesse me casar, pensei, todos os meus problemas simplesmente desapareceriam!*

Quando me formei na faculdade e escapei da correria e pressões da vida estudantil, eu trabalhei como um jovem profissional em uma cidade grande e eu comecei a tomar posse da minha vida. Eu "entrei de cabeça" onde Deus me colocou. Eu ainda era solteiro, mas eu estava aprendendo que a vida de solteiro oferece muitas oportunidades que outras fases da vida não oferecem.

Minha nova perspectiva me permitiu mergulhar nas profundezas de quem eu sou como um homem e filho de Deus. Comecei a me voltar para a palavra de Deus para me ajudar a entender minha identidade e meu lugar no plano dele.

Também comecei a encontrar uma nova liberdade na minha vida. A correria da faculdade me levou a varrer muitos dos meus pecados para debaixo do tapete. Conforme cresci em minha identidade como filho de Deus e passei a entender os privilégios que isso concede, levantei o tapete e abordei alguns dos meus problemas mais gritantes.

Conforme fui criando confiança em mim, também comecei a maximizar a fase em que Deus tinha me colocado. Me envolvi na minha igreja local, escrevi o livro *"The Prayerful Pursuit"*, comecei a pós-graduação, comecei um podcast, comprei uma casa, discipulei um punhado de homens e me tornei um locador de Imóveis. Eu estava me divertindo bastante como um rapaz solteiro.

No entanto, à medida que eu aproveitava plenamente as oportunidades que a minha vida de solteiro me proporcionava, percebi que o Senhor começou a colocar novamente o desejo de casar em meu coração. Era um outro desejo por casamento, diferente daquele desejo que eu tive anos antes na faculdade. Eu não estava mais procurando um relacionamento para ser como todo mundo ou para resolver meus problemas e me dar uma vida feliz. Agora eu estava procurando uma oportunidade de amar e servir—tanto minha futura esposa quanto as pessoas que fariam parte das nossas vidas. Eu orei, e orei um pouco mais, e pedi ao Senhor para me guiar até a mulher certa, se essa fosse a vontade dele.

Fui em muitos encontros, mas uma moça continuava voltando à minha mente. Essa mulher logo se tornaria minha noiva. Embora ela e eu tivéssemos aproveitado nossos anos de solteiros e o que Senhor fez em nós individualmente durante aquela fase, tanto ela quanto eu sabíamos que Deus nos estava chamando para dizer adeus a nossa fase de solteiro e dar boas-vindas à aventura do casamento.

Em tudo isso fiquei chocado, surpreso e grato. Apesar de todo meu desejo, eu nunca achei realmente que eu iria me casar. Mas como descobri através de muitas conversas com amigos, Deus frequentemente dá aos seus filhos o presente de um cônjuge em fases em que eles estão profundamente contentes como pessoas solteiras. É triste dizer adeus à minha fase de solteiro, mas anseio muito pela minha próxima etapa de casamento.

Nunca planejei escrever um livro sobre a vida de solteiro, mas eu senti o Senhor me incentivando a mostrar o que Ele tinha feito durante os meus anos de solteiro para ajudar outros homens a fazerem o mesmo. O objetivo deste livro é que você tenha uma nova perspectiva sobre a vida de solteiro, encontre contentamento onde o

Senhor o colocou, e esteja pronto para, se for a vontade dele te levar para um novo lugar.

Este livro está dividido em quatro partes, cada uma capturando um aspecto da experiência dos meus anos de solteiro. As primeiras três partes foram escritas quando eu era de fato um homem solteiro. A última parte, sobre como cortejar alguém, foi escrita apenas algumas semanas antes de eu pedir minha incrível noiva em casamento.

Descrevo neste livro como Deus realizou algumas coisas incríveis através de um homem o qual não imaginava. De forma alguma vejo o casamento como o objetivo final para mim ou para os outros, mas em vez disso, celebro o que Deus fez em minha vida e como Ele pegou um pecador como eu e transformou por meio do poder de Jesus Cristo. Eu não "cheguei lá" na vida e não tenho certeza se algum dia vou chegar, mas eu vi o Senhor fazer coisas incríveis e sou grato por isso.

Essa é uma história sobre confiar em Deus. Vale a pena celebrar que Deus escolhe usar pessoas quebradas para encorajar, servir e equipar outras pessoas quebradas durante esta vida curta na terra.

Espero que esse livro faça exatamente isso.

Introdução

A vida de solteiro não é o problema

O objetivo da sua vida não é se casar. O seu propósito na vida é adorar a Deus com o que Ele confiou a você enquanto vive em submissão à sua vontade. Se isso significa se casar, ótimo! Mas se isso significa permanecer solteiro, ótimo também. Seu objetivo deve ser chegar em um lugar na vida onde você esteja mais preocupado com a vontade de Deus e em maximizar o que Ele já te deu, em vez de tentar fazê-lo se conformar aos seus desejos e vontades.

Mas, vamos ser realistas; ser um rapaz solteiro pode ser difícil. Pode parecer que toda vez que você abre as redes sociais, mais uma pessoa está noiva, casada, tendo filhos e você está sentado no sofá tentando decidir o que comer no jantar.

Com muitos dos seus amigos se casando, um após o outro, e com poucos recursos disponíveis para homens solteiros, isso pode fazer com que você sinta como se tivesse feito algo errado. Você não consegue deixar de se perguntar: *"Será que vou ficar solteiro para sempre?"* ou *"O que eu estou fazendo de errado que me faz ser solteiro? Quando eu devo tentar deixar de ser solteiro e começar um relacionamento? Ser solteiro é algo ruim?"*. Se você for como eu, você lutou com essas questões enquanto estava solteiro.

O negócio é o seguinte: você está solteiro agora por um motivo. Estar solteiro te dá oportunidades que nenhuma outra fase da vida pode te proporcionar! Você tem a chance de aprender mais sobre si e de evoluir em uma área da sua vida onde você precisa crescer e cultivar a semelhança com Cristo.

Novamente, deixe-me enfatizar que o objetivo não é o casamento. O casamento é um presente incrível de Deus. A maioria dos homens cristãos que refletem sobre se Deus os chama para a vida de solteiro descobrirão que não é esse o caso. No entanto, abandonar outras orientações bíblicas para encontrar um cônjuge não é uma estratégia sábia. O objetivo da sua vida deveria ser alinhar-se à vontade de Deus e buscar honrá-lo com o seu tempo, talentos e tesouros.

Estar solteiro não é o problema que você pensa que é. Em vez disso, a vida de solteiro só traz à tona alguns dos maiores problemas, mentiras e lutas em sua vida e destaca onde você precisa crescer. A maioria das pessoas simplesmente culpam a solteirice por todos os seus problemas, mas, na realidade, a fase de solteiro está lhes dando uma oportunidade de lidar com eles e crescer como pessoa.

Ao longo dos muitos anos em que eu estive solteiro, minha perspectiva sobre essa fase da vida mudou. Durante a maior parte desses anos, eu senti vergonha sobre o meu *status* de relacionamento e trabalhava duro em me manter ocupado para que eu pudesse esquecer o "fracasso" de ainda estar só.

No entanto, nos últimos dois anos, o Senhor me desacelerou e me permitiu fazer um inventário da minha vida. À medida que removi coisas do meu calendário e abri espaço na minha agenda, eu consegui identificar muitas questões nas quais eu tinha que trabalhar em minha vida e o Senhor foi gentil dando tempo e espaço para fazer isso. Quero encorajá-lo a desacelerar na sua vida de solteiro para permitir que o Senhor te revele coisas e fale com você. Foram nas fases mais lentas da vida que senti o Senhor me esticar, me fazer crescer e me desafiar mais.

Antes de começarmos a falar sobre como você pode aproveitar melhor seus anos de solteiro, precisamos entender algumas verdades cruciais sobre a vida de solteiro.

A grama não é mais verde do outro lado

Você já pensou em como seria ótimo deixar de ser solteiro? Estar casado te faria tão feliz e parece que muitos dos seus problemas desapareceriam. Ou talvez você tenha pensado recentemente sobre outras áreas em que você está frustrado e considerou: Cara, se eu estivesse em melhor forma física, eu estaria tão contente. Ou, se eu tivesse apenas mais alguns milhares de dólares na minha conta poupança, eu me sentiria tão seguro.

Esta é uma parte difícil da vida. Veja, como humanos, nós nunca chegamos a um ponto em que estamos contentes com tudo. Sempre desejamos mais dinheiro, *status* social elevado, aprofundamento educacional, ou mais oportunidades. As escrituras afirmam isso em Eclesiastes 1:8, onde o escritor diz: "Os olhos nunca se saciam de ver, nem os ouvidos se fartam de ouvir" "(...) os olhos nunca se saciam de ver, nem os ouvidos de ouvir". Como humanos vivendo em um planeta pecaminoso e caído, sempre teremos o desejo natural por mais e seremos tentados a acreditar na mentira de que "se eu tivesse apenas tal coisa, então ficaria contente".

Quando se trata de ser solteiro, para muitos rapazes o lado mais verde é o casamento. Mas deixa eu te falar a verdade: o casamento é cheio de desafios, obstáculos e lutas, assim como ser solteiro! Embora o casamento possa ter seu lado incrível e benéfico, o Senhor pode trabalhar através da nossa vida de solteiro se confiamos em Deus e assim Ele nos ensinará grandes coisas.

Então, se a grama não é mais verde do outro lado, precisamos aprender a honrar o lado da vida em que Deus nos colocou e a cuidar bem daquilo que Ele nos deu. É lá que vamos encontrar contentamento.

O casamento não vai resolver

Por anos, eu desejei me casar porque eu tinha certeza de que todos os meus problemas simplesmente iriam embora. Se eu pudesse encontrar a garota dos meus sonhos, eu pararia de olhar pornografia, pararia com a luxúria e deixaria de me sentir tão sozinho. Eu estava pronto para cavalgar em direção ao pôr do sol com a garota dos meus sonhos e viver feliz para sempre.

Infelizmente, influências da nossa cultura, desde a Disney aos nossos grupos de amigos, e até mesmo nossas igrejas, conspiram para nos convencer de que o casamento é o objetivo final e que, uma vez que você encontrar seu cônjuge, os problemas da vida aparentemente desaparecerão. Mas em muitas conversas com amigos próximos casados, muitos homens expressaram que gostariam de ter passado mais tempo durante a vida de solteiro tratando de algumas coisas com as quais tinham dificuldades.

Seu vício em pornografia, problemas de mentir, hábitos de luxúria e obsessões por dinheiro não vão simplesmente se dissolver quando você disser, "Sim, eu aceito.". Veja bem, a verdade é que o casamento aumenta seus problemas. Um amigo me disse uma vez que o casamento é como se mudar para um apartamento pequeno—você percebe quanta bagagem você realmente tem! O casamento trará seu orgulho, motivações ruins e pecados ocultos à tona. O casamento também criará novos problemas, se você não está acostumado a abordar os problemas que já tem em sua vida, será muito desafiador fazê-lo no casamento.

O casamento não resolverá seus problemas; ele os trará à tona e os aumentará. É por isso que é importante investir nos seus anos de solteiro para descascar as camadas e crescer como homem nesse momento.

Pare de Tentar Ser Perfeito

Muitos homens solteiros optam por permanecer solteiros porque estão cientes de quantos problemas eles realmente têm. Embora seja verdade que todo ser humano no planeta tenha sua própria lista de problemas, é importante saber que ninguém nunca será perfeito deste lado do céu. Neste livro, eu vou apresentar ações práticas que você pode seguir como um homem solteiro, mas eu não quero que você pense que com essas ações eu estou te dando uma fórmula mágica e levando você a achar que você será perfeito um dia nesta vida e que você deve atingir essa perfeição para namorar.

Em vez disso, é sensato, sendo um rapaz solteiro, ser intencional nesta fase que você está agora. Como discutiremos mais adiante neste livro, você não deve escolher ficar solteiro para sempre só porque ainda não é perfeito e há sabedoria em entender quando é apropriado para você namorar, apesar dos problemas e lutas que você continua a enfrentar.

Aqui está o que este livro não é. Não é um guia para colocá-lo no caminho mais curto para o casamento. Não. Em vez disso, este livro foi criado para ajudá-lo a entrar de cabeça na sua fase atual de vida, como um rapaz solteiro. Esta é uma jornada para você administrar bem tudo o que Deus lhe deu, até mesmo as menores coisas, então se você está procurando um guia de 10 passos para encontrar a mulher dos seus sonhos, você precisa de um outro livro.

Este livro é dividido no que chamo de quatro pilares da vida de solteiro. É por meio desses pilares que tentei extrair os princípios e mandamentos da Palavra de Deus e comunicá-los a um homem solteiro.

Primeiro, vamos nos concentrar em descobrir sua identidade. Seu sucesso como uma pessoa solteira—ou casada—vai depender de como você se vê encaixado no esquema geral das coisas. Quando você entende que pertence a Deus e foi feito para adorá-lo e apreciá-lo, você florescerá. Isso demanda que você considere seriamente onde você busca por afirmação e exigirá um esforço decisivo para deixar de lado seus ídolos.

Em seguida, vamos nos concentrar em encontrar a liberdade. Uma vez que você entenda quem você é e quem Deus é, você será capaz de lidar com alguns dos pecados, lutas e problemas que estão atormentando sua vida. Essas coisas são como sujeira e fuligem que se acumula no para-brisa da sua vida, tornando difícil—senão impossível—ver para onde você está indo e dirigir com segurança. Você precisará limpar o para-brisa antes de poder seguir com confiança.

Terceiro, observaremos oportunidades. À medida que você estiver confiante em sua identidade e trabalhar para se libertar do pecado, será possível aproveitar todas as oportunidades que a vida de solteiro lhe oferece. Vou expor dez oportunidades exclusivas que você encontrará na sua vida de solteiro.

E, por fim, aprenderemos o que significa cortejar sabiamente. Ao considerar encontrar uma mulher um dia, destrincharemos o que significa cortejar, por que os homens cortejam, como e onde você pode fazer isso.

Esses são os pilares que eu quero desafiar você a adotar hoje para que você possa começar a reformular sua vida de solteiro. Essa é uma jornada e vai dar trabalho. Mas confie em mim, siga esses passos e você terá um roteiro para honrar a Deus com seus anos de solteiro. Este livro não pretende ser aconchegante. Ele não promete que a sua vida mudará completamente sem esforço da sua parte. Em vez disso, este livro exigirá trabalho - trabalho intencional. Exigirá iniciativa em agir e rejeitar passividade, desenvolvendo hábitos, pensamentos e padrões que você nunca tentou antes. Exigirá que você reprograme radicalmente algumas das maneiras pelas quais seu cérebro pensou sobre certas coisas por anos e diga não aos seus fortes desejos carnais e sim ao seu chamado superior.

No final de cada capítulo, farei uma pergunta para reflexão pessoal. Também darei algumas maneiras práticas de colocar o conteúdo do capítulo em ação. Eu as chamo de "Uma Mudança". Elas são "Uma mudança" porque elas visam transformar a maneira como você tem abordado a vida de solteiro. São "Uma mudança", porque com cada uma dessas ações vem uma oportunidade de te mostrar como isso pode impactar sua vida e seu futuro. Junto com elas, sugiro uma oração que permitirá você levar a sua experiência com o tópico daquele capítulo a Deus. Muitas dessas orações são as mesmas que eu mesmo fiz como um homem solteiro.

É hora de mudar para uma nova perspectiva de solteiro com a esperança de se tornar um homem de Deus mais forte e satisfeito. Acredito que, ao buscar intencionalmente mudar uma pequena coisa após a outra, você criará uma mudança massiva e dará um grande impulso em sua vida. Essas simples mudanças, com o tempo, podem mudar completamente sua vida e ter o poder de fazer você tornar-se um homem de Deus.

No momento em que Deus escolheu criar você, Ele o fez para que você pudesse trazer o máximo de glória ao nome dele. Ao olharmos para a vida de solteiro, percebemos que ela apresenta uma oportunidade maravilhosa para honrar a Deus e adorá-lo. Você não precisa de um cônjuge antes de poder trazer honra e adoração a Deus. Este momento em sua vida, se bem administrado, pode ter um retorno enorme sobre o investimento, não apenas nesta vida, mas para a eternidade. Ao usar a vida de solteiro para ir além de si mesmo, influenciar e servir aos outros, você tem o potencial de mudar radicalmente a vida das pessoas para a eternidade.

Você foi confiado com a fase de vida que você tem agora. Você será um bom mordomo dela? Você está disposto e pronto para dar um passo de fé acreditando que Deus pode te reservar algo incrível nesta fase de solteiro em que se encontra? Você acredita que pode verdadeiramente ser satisfeito e cheio de alegria como um homem solteiro?

É hora de se arriscar e dar um passo à frente para realmente aproveitar a sua vida de solteiro.

Você está pronto?

Uma Pergunta

Quais problemas você esperava que se resolveriam quando você se casasse?

Uma mudança

Use um tempo escrevendo em um diário sobre como seria sua vida se você encontrasse contentamento profundo como um homem solteiro. O que mudaria se você fosse capaz de nomear e enfrentar algumas de suas maiores dificuldades?

Uma Oração

Senhor, obrigado pelos outros homens que tiveram as mesmas lutas com a vida de solteiro que eu tenho. Oro agora, ao começar este livro, para que você fale comigo, me constranja e me faça crescer como um homem de Deus. Por favor, use a minha fase de solteiro e o conteúdo deste livro para me fazer parecer mais com Cristo. Amém.

PARTE UM
Descubra sua identidade

Capítulo 1

Identidade

Entender sua identidade é uma das coisas mais importantes a fazer agora, enquanto você está solteiro.

Identidade é quem você é. Seu senso de identidade é quem você entende que é. Seu senso de identidade informa sua autoestima e influencia seus valores pessoais. Determina suas responsabilidades, molda suas decisões e pensamentos e alimenta seu senso de propósito. Seu senso de identidade é muito importante porque quem você entende que é determina o que você escolherá fazer.

Sua identidade impacta muitas áreas da sua vida, incluindo:

- O que ou quem você adora;
- Pessoas com que você anda;
- Suas responsabilidades;
- O tipo de cônjuge que você pode buscar;
- Como você se envolve com os outros;
- Como você administra seu tempo;
- Como você gasta seu dinheiro.

A verdade é que quem você é hoje e como age revela o que você acredita sobre sua identidade. Na verdade, se você me mostrar sua agenda, seu orçamento e seus relacionamentos, eu posso lhe dizer em que sua identidade está enraizada.

Tipicamente, na nossa cultura atual, as pessoas encontram o senso de identidade no que elas fazem. Pergunte para a maioria dos homens nos seus cinquenta anos de idade quem eles são e eles provavelmente te contarão sobre a carreira deles. É por isso que muitos homens têm uma crise de identidade quando se aposentam: porque a identidade deles está entrelaçada ao trabalho deles. Muitos homens que têm a identidade entrelaçada aos bens materiais ou até mesmo em suas famílias, podem encarar crises de identidade mais tarde na vida quando perdem bens ou quando os filhos vão para a faculdade.

Para a maioria das pessoas o "fazer" determina o "quem", mas como cristãos nós devemos estruturar nossas vidas de uma maneira que permita que o "quem" oriente o "fazer". Já que as nossas ocupações, obrigações, e compromissos mudam de tempos em tempos, não é sábio ou prático tentar nos identificar por coisas que variam. Nossa identidade deveria ser enraizada primeiramente no nosso relacionamento com o Deus imutável. Quando você sabe no fundo de si mesmo quem você é e a quem pertence, suas ações naturalmente se alinharão à essa nova identidade.

Como você define sua identidade afeta mais do que apenas você. Já vi muitos rapazes se casarem enquanto firmavam a sua identidade nos lugares errados. Isso é ruim para o marido, para a esposa e para as crianças. Pode causar explosões de raiva, pensamentos de ciúmes e tentações de infidelidade. Inclusive provocar medo em uma esposa e crianças. De fato, muitas das dores, divórcios e traumas pelos quais as famílias passam poderiam ser eliminados se o marido estivesse confiante em sua identidade dada por Deus. A verdade é que sua árvore genealógica pode mudar drasticamente à medida que você descobre e vive a partir da identidade que Deus lhe deu.

Identidade também tem uma grande correlação com o orgulho e a humildade. Na faculdade, eu sabia que tinha o problema de ser orgulhoso, e por anos eu tentaria apenas "ser humilde" ou ao menos parecer humilde. Eu fazia coisas como fingir que eu estava ouvindo alguém falar ou oferecer ajuda para alguém necessitado apesar de que eu na verdade não queria ajudar. Mas a humildade não é algo que você pode simplesmente escolher ter. Em vez disso, a humildade é uma consequência de sua identidade estar enraizada no lugar certo. De fato, a maioria das coisas que você deseja na vida, como pertencimento, aceitação, segurança, confiança, propósito e amor dos outros, só são plenamente alcançadas quando sua identidade está firmada na fonte correta.

A verdade é que os problemas que vemos na superfície muitas vezes não são os verdadeiros problemas. Eles são os sintomas. E é isso que acho que pode estar acontecendo na sua vida agora. Sua raiva em relação à sua fase atual, suas reclamações sobre as circunstâncias da vida, o fato de você trabalhar arduamente para ser valorizado não são realmente os verdadeiros problemas. Essas coisas, entre outras, são sinais que sua identidade não está no lugar certo. Na verdade, muito do descontentamento que você sente na sua vida de solteiro é um sinal de um problema mais profundo, um problema de identidade que precisa ser abordado.

Paulo sabia disso. Quando Paulo estava escrevendo cartas para alguns dos primeiros cristãos, ele viu a identidade como um conceito importante de se compreender. Em sua estratégia de ensinar aos outros como ordenar suas vidas para parecer mais com a de Cristo, Paulo passou a primeira metade de muitas de suas cartas dizendo às pessoas como firmar sua identidade no lugar certo antes de focar em como deveriam viver. Imagina se eu escrevesse um livro para encorajar você com hábitos práticos e disciplinas, mas ao invés de falar sobre o que fazer primeiro eu passo mais da metade do tempo falando sobre quem você é. (Na verdade, é exatamente isso que eu estou tentando fazer aqui) Nós devemos passar um tempo entendendo, refletindo e celebrando nossa identidade antes de qualquer outra coisa. Ao fazermos isso, muitos dos nossos outros problemas serão resolvidos por si mesmos.

Devemos reconhecer que Deus é, no fim das contas, o criador da nossa identidade. Não é você, sua futura esposa, seus pais ou qualquer outra pessoa. Em vez disso, a sua identidade foi determinada por Deus antes de você nascer.

Nos próximos capítulos desvendaremos o que as Escrituras têm a dizer sobre quem você é e como aplicá-lo em sua vida. A verdade é que você tem uma nova identidade. Através da morte e ressurreição de Jesus, você tem acesso a uma nova personalidade que lhe concede liberdade e uma nova vida. "As coisas antigas já passaram; eis que se fizeram novas!" (2Cor 5.17 - NVI). A pergunta é: Você está vivendo isso?

Esta é uma das melhores coisas em que você pode trabalhar enquanto está solteiro, porque muitos homens erram nisso. Você deve reservar um tempo na sua fase de solteiro para descobrir quem você é. Não deixe o mundo ditar quem você é, ou o seu trabalho, ou a sua esposa; você deve deixar o seu Criador lhe dizer quem você é.

Uma Pergunta
Se você tivesse que usar as escrituras para definir sua identidade, quais passagens você usaria?

Uma mudança
Reflita nas diversas coisas as quais encontrou sua identidade no passado. Faça uma lista de frases que atualmente definem e ressaltam sua identidade e considere como essas identidades podem estar afetando sua vida.

Uma Oração
Senhor, eu te agradeço por você me amar o suficiente para me dar uma nova identidade e por não me deixar descobrir isso sozinho. Me mostra onde eu estou nesse momento colocando minha identidade e como está afetando minhas ações. Me ensina a encontrar valor somente em você e não nas minhas ações ou status social. Obrigado, Senhor. Amém.

Capítulo 2

Identidade em perigo

Antes de entrarmos no que é sua identidade em Cristo, devemos falar sobre a gigante batalha que está acontecendo contra sua identidade. A questão é: esta batalha sempre aconteceu. Ataques na identidade não são novos. Cristãos ao longo dos anos têm tido que aprender como apagar "as setas inflamadas do Maligno" (Ef 6.16 - NVI) para reforçar e proteger as suas verdadeiras identidades.

Isto pode encorajar você: Você sabia que a própria identidade de Jesus também foi atacada? Sim, o homem que viveu uma vida sem pecado ainda foi tentado a firmar sua identidade em algo diferente da verdade.

Lemos sobre isso em Mateus 4, quando Jesus foi levado para o deserto por quarenta dias e quarenta noites. Enquanto Jesus estava lá, Satanás veio a ele e disse, "Se és o Filho de Deus, ordena que estas pedras se transformem em pães" (vers.3 - NVI). Os ataques de Satanás estavam mirando na identidade de Jesus. "Se és…" Satanás disse. O inimigo estava tentando fazer com que Jesus fizesse algo baseado em sua identidade. Satanás estava tentando roubar a identidade de Jesus para construir seu próprio palco e reino ao invés do reino de Deus.

Encaramos os mesmos ataques de Satanás em nossas vidas também. Talvez você já tenha passado por alguns hoje. Satanás trabalha arduamente para tentar você nos horários mais oportunos fazendo com que você acredite em algo extremamente falso sobre sua identidade, depois tenta você à provar essa falsa identidade através de ações. Porque a identidade é muito importante, faz sentido que essa seria a coisa que Satanás iria perseguir. É como destruir o Pentágono se você quer atacar o exército militar dos Estados Unidos. Atacar sua identidade tem o potencial de desligá-lo completamente.

Por anos, Satanás me convenceu que o meu valor vinha através da aparência do meu corpo. Isso me levou a ficar obcecado comigo mesmo no espelho, fazer quantidades insanas de exercícios cardiovasculares e ficar estressado quando eu não podia ver o meu abdômen definido. Eu acreditava que se eu não estivesse à altura dos padrões que havia estabelecido para mim mesmo quando se tratava do meu corpo físico, Deus e outras pessoas não me amariam. Isso era uma mentira de Satanás.

Satanás é o seu maior inimigo e ele tentará sorrateiramente fazer você acreditar em algo diferente sobre si mesmo que não é verdade. E já que suas ações estão ligadas à sua identidade, Satanás tem uma chance melhor de levar você a fazer algo ruim se ele puder convencê-lo primeiro que você é alguém ruim.

Visto que esses ataques estão acontecendo frequentemente, proteger sua identidade vai ser crucial. Porque nós não somos imunes aos ataques que estão por vir (de novo, a identidade de Jesus foi atacada!), nós temos que aprender o que fazer quando nossa identidade é ameaçada.

É também por isso que o fracasso pode doer tanto em nossas vidas. Quando falhamos em algo em que colocamos nossa identidade dói muito.

Antes de desbravarmos as verdades de quem você é em Cristo, eu quero passar alguns minutos fazendo você pensar sobre onde você atualmente está firmando sua identidade. Estou sempre chocado com a forma como posso colocar minha identidade nas coisas mais aleatórias e impensáveis. A verdade é que existem centenas de áreas onde você pode acidentalmente colocar sua identidade, mas estes são os cinco mais comuns onde homens solteiros tendem a firmar sua identidade:

Roupas

Durante meu último ano da faculdade, um mentor me disse que eu estava colocando meu valor nas roupas que eu vestia. Tentei me vestir no estilo "esporte fino universitário" para me encaixar com os outros rapazes da faculdade. Usar uma determinada marca faz você se sentir mais importante? Ou se vestir como um determinado grupo de pessoas lhe dá mais vantagem em suas amizades? Nesse caso, você pode estar colocando sua identidade em suas roupas.

Idade

Fico constantemente chocado com a quantidade de homens que se sentem cada vez mais inúteis à medida que envelhecem. Por outro lado, é perturbador ver quantos homens jovens se sentem desqualificados para liderar apenas por causa da sua idade. Você já adiou começar algo porque você não está na idade certa? Talvez você se sinta indesejável por causa da sua idade. A realidade é que a sua idade muda uma vez por ano e colocar sua identidade em algo que está em constante mudança vai ser sempre exaustivo!

Agrupamentos

É muito fácil vincular nosso valor em grupos criados por homens, clubes e organizações. Se meu time vai bem, eu também vou bem. Se o meu partido político vencer, serei uma pessoa melhor. Talvez você tenha se limitado por causa da faculdade onde se formou. Acho que todo homem cometeu o erro de encontrar propósito e valor em algum tipo de grupo ao qual se associou. Ser parte de um grupo é uma coisa maravilhosa e sem dúvidas com muitos benefícios, mas se torna perigoso quando isso começa a ditar o seu valor.

Aparência

Você não é o único rapaz que se vê flexionando o bíceps no espelho. Na verdade, muitos rapazes lutam por depositar seu valor em sua aparência, mas quase ninguém fala sobre. Isso pode ser paralisante até para os homens que estão (ou pensam que estão) acima do peso e obcecados com suas calorias e com a aparência de sua barriga no espelho. Sua identidade não pode ser atrelada com a aparência do seu corpo. Somos chamados a honrar o nosso corpo e a cuidar bem dele, mas não podemos colocar todo o nosso valor nos nossos corpos. Os corpos que possuímos vieram do pó e um dia retornarão ao pó depois de nos servirem durante nosso curto tempo aqui na terra.

Bens

Quando você é criança, ter tudo parece ser tudo. Muitos adultos ainda têm dificuldade com isso hoje. Pessoas que possuem muito pouco se sentem inadequadas para fazer diferença ou progredir na vida deles até alcançarem o que os outros têm. Os bens podem ser uma ferramenta poderosa para abençoar os outros e para nos recompensar, mas nunca devem ser onde encontramos nosso valor. Você se sente menos capaz por conta do tipo de carro que você dirige, da casa onde mora, ou da quantidade de dinheiro que tem em sua conta bancária? O tamanho da roda que você tem no seu carro está relacionado à dignidade que você tem? Se um bem define quem você é, o que resta para te definir quando o bem desaparece?

Essas cinco coisas não são de forma alguma uma lista exaustiva de todas as áreas onde você pode encontrar sua identidade. Existem centenas de áreas de onde você pode extrair seu próprio valor. Estas são apenas algumas das quais onde encontrei involuntariamente meu valor nos últimos anos e que talvez você também tenha encontrado.

O inimigo estará constantemente tentando fazê-lo colocar sua identidade em algo mundano. Quando uma tentação não funciona, ele estará escondido na esquina com outra tentação.

Somente uma vida de gratidão e louvor a Deus pode defender sua identidade contra os ataques de flechas flamejantes do inimigo. Reforçar que o que Deus diz que é verdadeiro e bom sobre você, segundo a palavra dele, pode extinguir os ataques violentos que você enfrenta.

Deus quer levá-lo de onde você está agora para um lugar melhor. Deus não deixa as pessoas onde elas estão. Ele vê os homens solteiros que estão presos à identidade errada e é gracioso para ajudá-los a se libertarem. Você não está esquecido! Deus é gentil o suficiente para conceder a você uma nova identidade e um novo propósito. Você deve começar a se ver como Deus o vê. A jornada não promete ser fácil ou rápida, mas você pode embarcar nela confiando que Deus sabe o que está fazendo.

Então, agora você sabe onde pode estar encontrando sua identidade. Mas onde Deus quer que você a encontre? Isto é o que veremos agora.

Uma Pergunta

Entre os cinco exemplos neste capítulo, qual fonte de identidade equivocada é a mais tentadora? Você está tentado por algo que não está nessa lista?

Uma Mudança

Pergunte a alguém em quem você confia, que o conhece bem, onde eles acham que você encontra o seu senso de valor. Esteja preparado para uma conversa difícil e projeta-se da raiva e da atitude defensiva! Seguindo o conselho deles e de suas próprias reflexões, considere um jejum que você possa fazer nas próximas semanas para ajudá-lo a redefinir sua visão diante de Deus. (Por exemplo, se você encontrar sua identidade na aparência, poderá fazer um jejum de roupas de grife ou produtos para o cabelo.)

Uma Oração

Deus, reconheço que eu sou pecador e que sou uma presa para os ataques do inimigo. Me perdoe por encontrar meu valor e identidade em coisas desse mundo. Convença-me que eu coloco meus valores em coisas que nem imagino e use os meus relacionamentos para revelarem esses padrões a mim. Me ajuda a ser como seu Filho, Jesus, que sabia quem Ele era e agia confiantemente através de sua identidade. Amém.

Capítulo 3

A verdade da Identidade

Espero que você esteja começando a ver como é fácil firmar sua identidade em algo deste mundo. Espero que você esteja começando a identificar alguns lugares não saudáveis de onde você obtém sua identidade.

Vou repetir: perceber e trabalhar nisso é uma das melhores coisas que você pode fazer enquanto está solteiro. Lembre-se: onde está sua identidade é de onde você derivará o seu senso de valor. A identidade também informa suas responsabilidades, molda suas decisões e pensamentos e alimenta seu propósito. Identidade é importante!

Se sabemos que aquilo que acreditamos sobre nós mesmos influenciará a maneira como agimos, então é fundamental que nos vejamos a luz da verdade. A boa notícia é que você e eu recebemos uma nova identidade para viver. O fascinante é que essa nova identidade não vem de algo que você ou eu fizemos. E embora tenhamos de nos lembrar diariamente desta nova identidade, não é algo que precisamos conquistar de novo dia após dia. Não, você recebeu uma nova identidade através da sua fé em Jesus Cristo e é um presente que Deus não retira.

Ao procurar viver nossos anos de solteiro de uma forma que honre a Deus, compreender sua identidade é crucial. Na verdade, é entender sua identidade que tornará possível fazer tudo o que este livro recomenda.

Existem muitas verdades que capturam quem você é como um filho adotado por Deus. Permita-me listar quatro das quais acredito que irão ajudá-lo.

Filho de Deus

Quando uma criança órfã é adotada por uma família, ela assume uma identidade totalmente nova. Além disso, quando os pais decidem adotar, fazem-no compreendendo que a criança que desejam provavelmente teve uma vida desafiadora até então. Eles a receberão com alegria, mesmo que a criança não seja perfeita e possa trazer muitos desafios. Da mesma maneira, Deus Pai escolheu adotá-lo como filho, apesar dos seus pecados, dos quais Ele está bem ciente. Paulo nos diz em Gálatas: "Assim, você já não é escravo, mas filho de Deus" (4.7 - NVI). Essa adoção como filho não veio por causa de algo que você fez; em vez disso, é um presente de Deus (veja Efésios 2.8). Ele, sabendo que você é um pecador, escolheu você para fazer parte da sua família como um filho.

Quando um órfão é adotado, ele ou ela será considerado filho dos seus novos pais, com todos os direitos e privilégios juntamente com os seus filhos biológicos. Eles devem ser protegidos, sustentados, cuidados e amados pelos novos pais. Ele ou ela pode até receber uma herança quando os pais falecerem. Da mesma forma, Deus lhe concede todos os direitos e privilégios inerentes ao fato de ser filho dele. O Senhor prometeu protegê-lo, sustentá-lo e suprir suas necessidades. Deus também torna seus filhos herdeiros do reino de Deus na eternidade. Como diz em Gálatas: "E por ser filho, Deus também o fez herdeiro" (4.7 - NVI). Existem tantos privilégios decorrentes de ser adotado na família de Deus!

Através da fé no Filho de Deus, Jesus, você foi adotado na família de Deus. Sua nova identidade nasceu. Você se torna uma criança, um filho na família de Deus com outros filhos e filhas que são escolhidos como o povo de Deus. Paulo escreve assim em Efésios: "Porque Deus nos escolheu nele antes da criação do mundo, para sermos santos e sem culpa diante dele. Em amor nos predestinou para sermos adotados como filhos, por meio de Jesus Cristo, conforme o bom propósito da sua vontade" (1.4-5 - NVI).

Deus adotou você como um filho, viver a partir dessa identidade como seu filho transformará completamente a sua vida. Encontrar o seu valor através do que Deus diz sobre você mudará a sua maneira de agir no dia a dia. Saber que você foi adotado na família de Deus, apesar dos seus pecados, deveria levá-lo a se apaixonar pelo que Deus fez e viver uma vida de gratidão e devoção ao Senhor!

Imagem de Deus

As escrituras nos dizem que Adão e Eva foram criados à imagem de Deus. (Gn 1.26). Ser "feito à imagem de Deus" tem algumas implicações poderosas para sua identidade hoje.

A tradução grega da palavra imagem também pode ser traduzida em inglês como a palavra ícone. Um ícone é algo pequeno que representa algo maior que pode não ser visto no momento. Por exemplo, o logo de uma camisa que representa a companhia que o desenhou é uma espécie de ícone. Com isto em mente, você pode começar a pensar em si mesmo como um pequeno ícone vagando pela Terra, refletindo a própria imagem de Deus. Na verdade, você foi feito à imagem de Deus!

Você mesmo é uma pequena representação da presença de Deus aqui na terra e começará a entender com mais precisão quem você é neste mundo à medida que viver a partir dessa presença. Deus criou Adão como uma representação menor de si mesmo, que apontaria para a vastidão e indescritibilidade de um Deus cada vez maior.

Adão e Eva mancharam a imagem de Deus quando pecaram. O pecado manchou e deformou a imagem perfeita do rei que Deus incutiu em seu povo. A ótima notícia é que esta imagem está agora restaurada em Cristo e hoje refletimos plenamente a imagem de Deus enquanto permanecemos em Cristo.

Deus escolheu você como um "ícone" e adotou você em sua

linhagem que continua desde Adão. Sua singularidade aponta para a singularidade de um grande Deus. Que incrível verdade de identidade para se viver!

Templo do Espírito Santo

Enquanto o povo Israelita se movia por toda nação de Israel, Deus estabeleceu um tabernáculo portátil como sua morada entre seu povo. Depois de anos habitando neste tabernáculo, Deus encarregou Salomão de estabelecer um lugar permanente para Ele morar. Através do trabalho intencional e maravilhoso de Salomão, um grande e novo templo foi construído na cidade de Jerusalém e era para lá que as pessoas iam para encontrar o Senhor. Durante séculos, Deus tornou conhecida a sua presença e permaneceu próximo do seu povo escolhido através do tabernáculo e do templo, entretanto mais tarde Cristo mudaria isso.

Após a morte e ressurreição de Cristo, Deus restabeleceu sua morada entre o seu povo. Deus não habitaria mais em uma estrutura feita pelo homem em Israel, em vez disso, Deus agora habitaria através de seu Espírito vivendo dentro de seu povo escolhido.

As escrituras dizem que Deus escolheu você para ser um templo também. Paulo diz para você e para mim: "Acaso não sabem que o corpo de vocês é templo do Espírito Santo, que está em vocês, o qual receberam de Deus?" (1Cor 6.19 - NVI). Isto significa que quando você se torna um seguidor de Cristo, você recebe de presente o Espírito Santo vivendo dentro de você. Antes de Cristo, Deus habitava entre o seu povo, mas a nação escolhida não conseguia acessar a sua presença. Mas agora, através de Cristo, você recebeu o Espírito Santo para viver dentro de você e você se tornou um templo-tabernáculo que abriga a própria presença de Deus!

A morte e ressurreição de Jesus tornaram isso possível, Ele une você e eu a outros templos para criar uma habitação na qual Deus vive pelo seu Espírito— isto é, a igreja (Efésios 2.21-22). A maneira de Deus estar presente mudou de um edifício físico para nós como seguidores de Jesus Cristo. Agora operamos como mini santuários de adoração em todo o mundo (1Cor 6.19). Você pode assumir a identidade de templo de Deus adequado para os propósitos dele aqui na terra.

Multiplicador de Discípulos

Deus comissionou Adão e Eva para glorificá-lo criando mais ícones de sua imagem. Deus nos comissionou para glorificá-lo multiplicando discípulos. Foi assim que Jesus glorificou a Deus e nós também podemos. Nós devemos "ir e fazer discípulos" (Mt 28.19 - NVI). Como um templo da presença de Deus, você é chamado a administrar o templo do seu corpo como um instrumento para criar mais discípulos aqui na terra.

Lucas registra o que Jesus disse sobre ser um discípulo de Cristo: seguir a Cristo significará negar a si mesmo (14:27), estar disposto a desistir de tudo (14:33) e parecer diferente do resto do mundo (14:34). Assim como Cristo demonstrou obediência ao seu Pai Celestial, você também deve demonstrar obediência aos mandamentos de Deus como seu discípulo.

Ao refletirmos sobre a nossa adoção imerecida como filhos e as muitas bênçãos e dons que recebemos por sermos filhos de Deus, devemos sentir-nos tomados por gratidão e humildade para com Cristo. Essa gratidão a Deus deve servir como motivo fundamental para você sair pelo mundo e contar aos outros sobre Ele.

Uma vez que toda a nossa identidade atua com o propósito de trazer a Deus honra e glória que Ele merece e deseja, devemos lembrar-nos que qualquer identidade contrária a filiação em Deus, está em conflito direto com essa atuação e de como Ele espera que o seu povo viva. Quando você e eu encontramos nossa identidade em coisas como roupas, com quem nos associamos ou nosso status, deixamos de escolher adorar a Deus com todo o nosso coração e passamos a adorar nós mesmos, outras pessoas ou ao mundo. E porque a identidade molda a ação, a identidade que assumimos dita as nossas ações na terra.

A identidade de ser filho e parte da família eterna de Deus é uma bênção, não um fardo, porque você foi escolhido por Deus para refletir a sua presença e testemunho, sendo poupado da condenação eterna. Nós não podemos criar a nossa identidade. Pelo contrário, nos é dada pelo Criador, que sempre esteve e sempre estará em total comando e controle sobre como Ele recebe louvor e adoração.

É importante lembrar que o objetivo de viver essa nova identidade não é facilitar sua vida. É dar a Deus a adoração que Ele desfruta e tornar-se mais eficaz e disponível numa entrega total ao reino de Deus, para que você possa influenciar mais pessoas que gostem de adorar a Deus.

A beleza disso é que, ao contrário do modo que sua identidade enraizada nas coisas do mundo tem a capacidade de mudar, essas verdades não podem ser alteradas ou roubadas. O segundo livro de Coríntios nos diz que Cristo "nos selou como sua propriedade" (2Cor 1.22 - NVI). A identidade de Cristo para você está essencialmente marcada, tatuada ou estampada em você. Isto não vai mudar: você é um filho escolhido de Deus, separado para suas boas obras. Quão reconfortante é isso!

Seu contentamento na fase de solteiro vai aumentar e será sustentado através da descoberta de sua identidade em Deus. O grau de seu contentamento na vida de solteiro está diretamente relacionado a sua compreensão e crença em sua identidade vinda de Deus. Lembre-se de quem você é em Cristo. Que dádiva ser chamado filho de Deus!

Uma vez que nossas ações se alinham com o que acreditamos sobre nós mesmos, quando atuamos a partir da nossa identidade em Cristo, podemos esperar por uma mente renovada e uma superação da carne para melhor ajustar nossas vidas em torno de como Deus nos criou e chamou. Sua identidade já foi declarada. Agora é a hora de atuar a partir dela!

Uma Pergunta

Como saber que Deus me escolheu para ser seu filho, muda minha perspectiva sobre como devo agir sendo seu filho?

Uma mudança

Encontre versículos sobre sua identidade e comece a memorizá-los. Na minha Bíblia, tenho versículos relacionados à identidade marcados com notas adesivas azuis. Escreva esses versículos e coloque-os em algum lugar, como o espelho do banheiro, onde os verá diariamente.

Uma Oração

Querido Deus, obrigado por me escolher como seu filho. Embora eu viva no século XXI, reconheço que o Senhor tem trabalhado através da humanidade há milênios. Obrigado porquê, ainda que o homem tenha pecado contra você, você ainda escolhe habitar entre o seu povo. Obrigado porquê através da morte e ressurreição do seu filho, agora temos acesso a Ti em qualquer lugar que estivermos. Obrigado por viver dentro de mim e me permitir ser um ícone de sua presença. Amém.

Capítulo 4

As marcas da masculinidade

Todo homem, em algum momento, se pergunta se está realmente vivendo à altura das expectativas do que é ser um homem. Imagino que você, como um homem solteiro, já se perguntou a mesma coisa. Como discutimos nos capítulos anteriores, o maior ataque que você e eu enfrentaremos será na nossa identidade. Satanás ama atacar sua masculinidade e fazer você se sentir inseguro sobre viver "corretamente" a sua masculinidade.

À medida que você descobre qual é a sua identidade, é importante descobrir também o que é verdade sobre você e sobre o chamado que acompanha o fato de ser homem.

Nunca me considerei um homem másculo. Por muitos anos, pensei comigo mesmo, não gosto de caçar, não gosto de jogar ou assistir futebol e mal consigo deixar minha barba crescer. Achava que eu estava excluído da verdadeira masculinidade e muitas vezes me preocupava se algum dia conseguiria cumprir tudo o que a masculinidade exige.

A realidade é que se você nasceu no sexo masculino, você é homem. (Uau, isso foi muito profundo, hein?) Não são seus interesses, seu formato ou tamanho corporal ou suas atitudes que fazem de você um homem. Pelo contrário, você foi chamado para viver como um homem porque Deus te fez homem. Então, o que significa ser homem e como estes homens cristãos devem viver suas vidas?

Todo homem tem algum nível de insegurança sobre o que significa ser homem. Alguns têm muita vergonha e demonstram isso; alguns têm vergonha e escondem muito bem. As coisas falsas nas quais acreditamos sobre a masculinidade são perigosas porque podem nos afastar da identidade que Deus nos deu. É importante reservar um tempo para descobrir o que significa ser homem e buscar viver bem a partir dessa identidade.

Mas por onde você começa? Existem muitas definições e opiniões sobre o que um homem deveria ser e até mesmo dentro da igreja cristã existem controvérsias sobre os papéis da masculinidade. O melhor lugar por onde começar, que eu encontrei, é com Jesus.

Jesus viveu uma vida perfeita aqui na Terra. Ele viveu num corpo físico masculino e viveu como homem no primeiro século. Como nosso Senhor, e alguém que era totalmente homem como você e eu somos, Jesus é o melhor lugar para começar a tentar responder à pergunta: "O que significa ser um homem?". Quero dar-lhes seis princípios que podemos aprender sobre Jesus e como Ele exemplificou a masculinidade perfeita para você e para mim.

Aceitou a Preparação

Jesus passou muito tempo em uma temporada de preparação e administrou bem as coisas pequenas e não tão glamorosas da vida. Você pode ver isso na forma como Jesus passou os seus primeiros trinta anos na Terra antes de seu ministério começar.

Como era de costume entre os meninos judeus nos primeiros séculos, Jesus provavelmente foi educado por seu pai em casa, onde ele estudou e memorizou partes da Torá, os primeiros cinco livros do Antigo Testamento.[1] É incrível notar que uma vez que o ministério de Jesus começou aos trinta anos de idade, muitos dos sermões, lições e parábolas que Ele ensinava foram comunicados com base nas escrituras que Ele aprendeu como criança.

Nos seus primeiros anos, Jesus estabeleceu diligentemente pequenos

---

1 Strauss, Mark L. 2007. Four Portraits, One Jesus. Grand Rapids, Michigan: Zondervan, 151.

hábitos em sua vida que ajudaram a prepará-lo para o que Deus o chamaria a fazer mais tarde. De acordo com a tradição Judaica, Jesus recitava o Shemá, que é Deuteronômio 6:4-9; 11:13-21 e Números 15:37-41, todas as manhãs e todas as noites, o que o ajudava a realinhar a sua própria vontade com a vontade de seu Pai todos os dias.[2]

Antes do ministério de Jesus oficialmente iniciar, Ele começou a praticar o ensino no templo e a aprender o que os líderes do templo diziam. Aos doze anos de idade, "Jesus crescia em sabedoria, estatura e graça diante de Deus e dos homens," Lucas nos diz (Lc 2.52 - NVI). Da mesma maneira, você pode começar a aproveitar oportunidades de praticar habilidades e disciplinas para crescer na direção que você acredita que o Senhor pode guiá-lo um dia.

Jesus era intencional sobre administrar bem as pequenas coisas que a ele foram confiadas e os homens hoje em dia podem fazer o mesmo. Devemos procurar ser como Jesus e abraçar a fase de vida em que nos encontramos. Uma marca de masculinidade é viver como Jesus e buscar ser fiel neste momento que Ele o colocou.

Reconheceu a Posse

Houve uma época em minha vida em que senti que o Senhor estava me convencendo da falta de posse sobre minha vida. Eu exercia muitos papéis, como proprietário, amigo, mentor, funcionário, parceiro de academia e membro de uma igreja. Mas, para cada um desses papéis, menos eu sentia que estava aproveitando a oportunidade, sentindo mais como se eu estivesse flutuando em um rio lento.

A posse completa seria começar a agradecer a Deus pela casa que Ele me deu e a convidar pessoas para usufruírem dela. Significava tentar me tornar o melhor em minha função no trabalho e procurar estabelecer metas para medir meu sucesso. Seria orar mais pelo meu parceiro de prestação de contas e chegar na igreja um pouco mais cedo

---

2   Ibidem, 130.

para servir e desenvolver relacionamentos. Você também exercerá muitos papéis na sua vida, mas é importante não esperar que cada um desses papéis apenas sirvam a você mesmo.

Jesus fez isso bem. Ele tomou posse da missão que Seu Pai lhe havia confiado, até a morte. Porque Jesus conhecia a sua identidade e quem Ele era, foi capaz de aceitar a responsabilidade da missão que Deus lhe havia dado. Jesus estava consciente do que foi enviado para fazer na Terra. Lucas registra Jesus dizendo: "Minha comida—disse Jesus—é fazer a vontade daquele que me enviou e concluir a sua obra" (João 4.34 - NVI). Ele estabeleceu ótimos hábitos, se submeteu frequentemente à vontade do Senhor, e se cercou de comunidade.

Foi através do tempo pessoal de Jesus com Deus Pai que Ele soube quando era a hora de iniciar sua missão mais importante. Na ocasião, Jesus dizia: "Minha hora ainda não chegou" (João 2.4 - NVI). Jesus sabia quem Ele era, conhecia a sua missão a longo prazo, mas por causa da sua conexão com Deus, ele sabia que ainda não era hora de entrar na grande missão de sua vida.

Os pequenos hábitos que Jesus estabeleceu em sua vida permitiram-lhe aceitar a responsabilidade pelo seu propósito e chamado. Certa noite, horas antes de ser preso e mais tarde ser crucificado, Jesus caminhou até um jardim da cidade para orar. Foi nesta oração que Jesus se submeteu novamente à vontade de Deus. Através dos hábitos que Jesus tinha estabelecido quando era menino, Ele conseguiu tomar posse da missão que Ele tinha.

Uma das melhores qualidades que um homem hoje precisa incorporar é aprender a assumir controle de todas as áreas de sua vida. Você e eu somos responsáveis perante Deus por saber a coisa certa a fazer. A masculinidade bíblica envolve aceitar o encargo que nos foi dado através da Palavra de Deus de viver uma vida que o honre. Não significa ser perfeito, mas é crucial que nos esforcemos para assumir o lugar e a missão que Deus nos deu.

Liderou Sacrificialmente

A maioria dos homens cristãos irá se casar. Uma responsabilidade crucial de ser marido é ser o líder no relacionamento com sua esposa.

Os homens são chamados para serem o cabeça da sua família e esposa, então é importante começar a aprender agora o que isto significa. As Escrituras dizem aos homens: "Maridos, cada um de vocês deve amar sua esposa, assim como Cristo amou a igreja e entregou-se por ela" (Ef 5.25 - NVI). Esta responsabilidade para o marido implica o sacrifício de si mesmo para o bem de sua esposa.

Jesus é a melhor pessoa com quem aprendemos sobre como viver sacrificialmente. De fato, a vida inteira de Jesus na Terra foi centrada ao redor da missão de reconciliar o povo de Deus com Ele, entregando a sua própria vida. Este é o verdadeiro amor sacrifical.

Assim como Jesus demonstrou amor sacrificial por sua noiva, a igreja, nós, como homens, também precisamos incorporar o amor sacrificial em nossas vidas. Jesus amou as pessoas com o coração e demonstrou este amor através da sua ação. Da mesma forma, devemos aprender a amar corretamente ao próximo e amar o nosso Pai Celestial profundamente, para que do transbordamento deste amor possam surgir atos sacrificiais profundos.

Mostrou Honra

Os homens têm muito poder no mundo. A maioria dos homens abusa desse poder e alimenta seu orgulho fazendo com que aqueles que são mais fracos se sintam ainda mais fracos. Mas com grande força física, influência familiar e responsabilidades de liderança vem o grande dever de honrar aqueles que ocupam posições diferentes.

Ser um homem bíblico significa honrar aqueles que estão ao seu redor, inclusive aqueles que nem sempre são honrados na sociedade. Jesus fez isso muito bem ao honrar três grupos diferentes de pessoas com as quais você e eu precisamos ter certeza de honrar também.

Primeiro, Jesus honrou as mulheres. Amar, honrar e se sacrificar pelas mulheres é algo que um homem bíblico deve fazer. Pode ser tentador pensar que as mulheres não nos compreenderão, que são irrelevantes, ou são menos que nós, mas a verdade é que tanto os homens como as mulheres têm a mesma dignidade e direitos como filhos de Deus. Embora Deus tenha feito o homem e a mulher de forma diferente e com qualidades, papéis e deveres únicos, tanto homens quanto mulheres são necessários para um trabalho ministerial eficaz na terra. Como Jesus honrou muitas mulheres durante seu ministério na terra (João 4), nós, como homens, devemos buscar honrar as mulheres também. Os homens nunca devem tirar vantagem de nenhuma mulher, jovem ou velha, e devem se esforçar para honrar as mulheres acima de si mesmo, buscando servi-las com todo coração e encorajá-las continuamente. Não fazemos isso comprometendo o papel único e deveres que Deus deu especificamente para os homens, mas, em vez disso, fazemos por causa do papel e dever confiado a nós como homens de Deus.

Segundo, Jesus honrou as crianças. Como um homem solteiro, posso passar semanas sem falar com alguém com menos de dez anos de idade. Há alguns anos, percebi isso como um problema e comecei a me envolver mais com o ministério das crianças na minha igreja. Como homem, devemos procurar ser como Jesus ao honrar aqueles que são menores, mais jovens e mais ingênuos do que nós. Honrar, proteger e ensinar crianças faz parte de ser um homem. Se você se casar um dia, provavelmente terá filhos e a nova missão de discipular, ensinar e liderar seus filhos pequenos entrará em vigor. Não negligencie o envolvimento com crianças agora em seus anos de solteiro. Reserve um tempo agora para conhecer esses jovens de sua igreja e aprenda com o que eles podem lhe ensinar.

Por último, Jesus honrou outros homens. Lembrar de honrar os outros homens em nossa vida é importante. Pode ser fácil nos virar para nossos irmãos apenas quando precisamos de algo ou pensar que podemos viver a vida por conta própria e que não precisamos de outros rapazes ao nosso redor, mas honrar os outros homens que Deus colocou em nossas vidas é importante. Através de seu relacionamento com os doze discípulos e outros homens, Jesus não negligenciou o tempo de estar com homens tementes a Deus. Como homem, é tentador acreditar que podemos viver a vida sozinhos e que outros homens vão ficar no nosso caminho e nos atrasar, mas a realidade é que você e eu precisamos de outros homens. Ser homem significa conviver com outros homens.

Viveu Contraculturalmente

Como vivi no Sul dos Estados Unidos durante toda a minha vida, fui condicionado a ser uma pessoa mais carismática e gentil, não importa o que aconteça. No Sul, buzinamos se conhecemos a pessoa e não segurar uma porta aberta para alguém que ainda está a vinte metros de distância é um crime. Mas com isso vem a tentação natural de sempre concordar com as pessoas e seguir um costume. No entanto, isso pode ser perigoso.

Recentemente, Deus tem me mostrado a permissão bíblica que eu tenho para entrar em conflito com outras pessoas. Percebi como Jesus fez isso em sua vida também. Não há problema em não concordar com todos e, de fato, como cristãos, muitas vezes devemos discordar de pessoas que não são cristãs. De fato, se você não discordou de alguém recentemente, isso pode ser um grande sinal de falta de posse do que você realmente acredita sobre a fé cristã.

Jesus não tinha medo de corrigir falsos profetas ou enfrentar aqueles que possuíam uma teologia incorreta, e como homens, devemos ser capazes de fazer a mesma coisa defendendo a verdade e a Palavra de Deus. Muitas vezes em nossas vidas como cristãos irá contra a cultura atual e devemos procurar falar a verdade em amor à aqueles que se opõem a nós.

Você pode estar pensando: "As mulheres também não são chamadas a serem como Jesus?" Sim, as mulheres cristãs são chamadas a serem como Cristo, assim como os homens. No entanto, os homens têm chamados e deveres únicos que as mulheres não têm. Os homens, ao contrário das mulheres, são chamados para liderar suas famílias. As mulheres não podem ter papéis de liderança em nível mais experientes em uma igreja como os homens. Os homens têm responsabilidades únicas tanto na família quanto na igreja que as mulheres não têm e olhar para Jesus para aprender a viver essas responsabilidades é fundamental.

Uma outra observação importante é que devemos perceber que a cultura, em alguns sentidos, nos ajuda a ditar o que os homens devem e não devem fazer. As Escrituras nos dizem que os homens não devem usar roupas de uma mulher, mas para definir o que é a roupa de uma mulher, você deve olhar para a cultura.[3] Na Escócia, os homens usam kilts, no entanto, nos EUA, os homens usam calças cáqui. Décadas atrás, Mel Gibson usou um kilt no filme "Coração Valente" e homens do exército dos EUA no início de 1800 usavam kilts durante a guerra. Em geral, a cultura ajuda a definir coisas como roupas apropriadas e, como cristãos, devemos prestar atenção a isso. No entanto, nunca devemos seguir a cultura quando ela contradiz o que é revelado nas Escrituras sobre a singularidade da masculinidade.

Não é novidade para você que existe hoje um ataque gigante à masculinidade em nossa cultura. Os homens são frequentemente elogiados por serem femininos. Muitos dos filmes e programas de TV da nossa atualidade enfraquecem a imagem dos homens e tentam redefinir o que significa ser um homem. Além disso, grande parte da mídia moderna tenta fazer os homens parecerem incompetentes, irrelevantes ou desnecessários. Muitas vezes, conforme a cultura busca honrar as mulheres, geralmente o faz menosprezando ou rebaixando os homens. Embora seja uma coisa nobre honrar as mulheres, isso nunca deve ser feito às custas da dignidade de outra pessoa. Enquanto a cultura rouba os homens de sua dignidade e tenta redefinir os papéis de gênero, essa mesma cultura dominante se frustra com divórcio, violência doméstica, infidelidade sexual, abuso, falta de moradia e

---

3   Veja Deuteronômio 22:5

prisão. Certamente há uma ligação com a falta de criar meninos para serem homens de Deus e a profunda dor cultural que é notada hoje.

É importante se dedicar ao chamado de Deus para que você seja um homem. Seja ativo em sua fé. Administre as pequenas coisas que Deus lhe deu e assuma a responsabilidade de sua vida. Muitos homens que são criados na igreja acreditam na mentira de que precisam fazer pouco ou nada em seu relacionamento com Deus, mas isso é perigoso.

Nancy Pearcy, em sua pesquisa sobre a masculinidade, descobriu que existe uma grande diferença entre cristãos nominais e cristãos engajados. No seu estudo, ela comparou homens que levavam a sério a sua fé, que eram religiosamente devotos e frequentavam a igreja pelo menos três vezes ao mês, com homens que afirmavam ser cristãos, mas que raramente viviam com devoção ou frequentavam a igreja. Curiosamente, cristãos nominais têm as taxas mais altas de violência doméstica em comparação com quaisquer outros homens no país, incluindo homens seculares, enquanto homens cristãos provaram apresentar as taxas mais baixas de violência doméstica, abuso e divórcio entre qualquer outro grupo no país. Na verdade, está provado que os homens cristãos comprometidos, são maridos mais amorosos e pais mais responsáveis do que os homens seculares ou cristãos nominais.[4] Meu profundo encorajamento a você é: como homem solteiro e cristão, não se conforme ao padrão deste mundo ou ao padrão dos típicos homens "cristãos". Em vez disso, aposte totalmente na sua fé, aprendendo cada vez mais e crescendo na masculinidade bíblica.

Às vezes pode parecer assustador considerar os vários deveres de ser um homem e a vergonha pode rapidamente surgir e nos dizer que estamos fazendo tudo errado e que nunca alcançaremos o nível da verdadeira masculinidade. Mas continue perseverando. Continue observando o que Jesus fez e busque ser como Ele, começando pelas

---

4 Pearcey, Nancy R, A Guerra Tóxica Contra A Masculinidade (Grand Rapids:Baker Books, 2023), 15.

pequenas maneiras. O processo de conformação à imagem de Cristo como homem é longo. Seja paciente consigo mesmo. Lembre-se de que não é por algo que você fez ou fará que o tornará mais filho de Deus. Deus escolheu você antes da fundação do mundo e não tem nada que possa separar você do amor que Deus tem por seus filhos. Também não há nada que possa torná-lo menos homem ou lhe desmasculinizar. Deus criou você homem e isso não pode mudar. O Espírito Santo escolheu você e te marcou com a promessa dele e isso não pode mudar. É por isso que você pode viver a vida como filho de Deus.

Uma Pergunta
Em qual marca da masculinidade você precisa focar na sua fase de vida atual?

Uma Mudança
Diga a Deus que você gostaria de parar de olhar para a nossa cultura buscando ideias sobre a masculinidade e passar a olhar para o único homem bom, Jesus. Esta semana, tente o hábito de ler ou ouvir os Evangelhos diariamente para voltar sua atenção para quem é Jesus.

Uma Oração
Senhor, obrigado por ter me feito um homem. Reconheço que a sua decisão de me fazer um ser masculino inclui responsabilidades, deveres e obrigações específicas que devo explorar e executar. Capacite-me a assumir o controle da minha vida e a honrar ao próximo, incluindo mulheres e crianças. Ajude-me a aprender mais do Seu Filho, sobre o que significa ser um homem bíblico e a me moldar para viver mais como Ele a cada dia. Amém.

Capítulo 5

Solteiro para a vida toda?

    Quer você seja solteiro para o resto da vida ou que vá se casar, você é do Senhor e deve servir a Ele, suas decisões sobre o casamento e a vida de solteiro devem ser tomadas com isso em mente. Muitas vezes me perguntei sobre quanto dinheiro eu teria juntado se ganhasse um dólar toda vez que me perguntavam "Você ainda está solteiro?"

    Agora, direi logo de cara, essa pergunta realmente não me incomoda. Sei que, seja solteiro ou casado, sou do Senhor e o servirei. Minhas decisões sobre o meu status de relacionamento serão tomadas com isso em mente. Dito isso, estou honrado por ter tantas pessoas em minha vida que genuinamente se preocupam comigo. No entanto, ouvir essa pergunta repetidamente durante anos pode fazer você se perguntar se está vivendo a vida da maneira certa. E sei que isso me fez questionar se eu realmente fui chamado para passar a vida toda solteiro.

    Se você é como eu, pode realmente estar satisfeito com a sua atual fase de solteiro. Você vê as inúmeras oportunidades de crescimento, serviço e dedicação ao Senhor que parecem ser muito mais difíceis de realizar uma vez que tiver sua própria família. Mas se estou satisfeito agora com minha vida de solteiro, isso significa que eu devo considerar ficar solteiro pelo resto da minha vida?

    Quando penso em como seria viver uma vida inteira solteiro, penso em várias pessoas que fizeram isso bem. Basta dar uma rápida olhada nas Escrituras e você notará muitos homens que viveram felizes sendo solteiros e foram capazes de expandir o reino de Deus por causa disso.

Jesus viveu cerca de trinta e três anos na terra como um homem solteiro e durante esses anos mudou e impactou radicalmente, para sempre, a trajetória da vida de todos. Ser como Jesus é um dos meus objetivos, então isso significa que devo tentar ficar solteiro como ele também?

E Paulo? Paulo, que provavelmente já foi casado, usou seus últimos anos de solteiro para construir igrejas, orientar pessoas e mudar a vida das pessoas para a eternidade. Se eu quiser causar um grande impacto como Paulo, isso significa que também devo ficar solteiro para sempre? Viver uma vida inteira solteiro é uma opção para muitos, mas poucos são chamados a isso.

O chamado para uma Vida de Solteiro e o Chamado para o Casamento.

Jesus nos dá algumas ideias ao falar sobre o que significa ser chamado a viver uma vida de solteiro. Em Mateus 19, os fariseus perguntaram a Jesus sobre a legalidade do divórcio, o que levou por sua vez os discípulos de Jesus a questionarem se valia a pena casar-se. Os discípulos concluíram: "Se esta é a situação entre o homem e sua mulher, é melhor não casar" (19.10 - NVI). Mas a resposta de Jesus a eles foi educativa. Ele disse: "Nem todos têm condições de aceitar esta palavra; somente aqueles a quem isso é dado" (Mt 19.11 - NVI). Jesus então descreve três categorias diferentes daqueles que são chamados a uma vida de solteiro.

A primeira categoria que Jesus descreve são "eunucos porque nasceram assim" e a segunda são os eunucos que " foram feitos assim pelos homens" (Mt 19.12 - NVI). Um eunuco é um homem que não possui os componentes biológicos necessários para procriar. Aqui, Jesus esclarece que há homens que permanecem solteiros por contas de defeitos congênitos ou devido aos meios bastante bárbaros de castração. Assim, esses homens permanecem solteiros por toda a vida.

Mas Jesus continua com uma terceira categoria: "Outros ainda se fizeram eunucos por causa do reino dos céus. Quem puder aceitar isso, aceite" (Mt 19.12 - NVI). Embora existam alguns homens que têm pouco controle sobre as suas deficiências biológicas e por consequência permanecem solteiros, existem também homens que escolheram o chamado de uma vida de solteiro e vivem vidas celibatárias (como os eunucos), optando por não se casar.

Agora, não estou dizendo que se você tem o menor desejo de viver uma vida que honre a Deus, você deveria se castrar. Em vez disso, estou dizendo que todo homem deveria buscar a orientação de Deus para discernir com Ele a respeito de ser chamado para uma vida de casado ou de solteiro.

Paulo reafirma os ensinamentos de Jesus em sua carta à igreja de Corinto. Paulo, que não era casado quando escreveu esta carta disse: "Gostaria que todos os homens fossem como eu, mas cada um tem seu próprio dom da parte de Deus: um, de um modo; outro, de outro." (1Cor 7.7 - NVI). Paulo viu claramente um grande benefício em seu status de relacionamento e chegou ao ponto de sugerir sua preferência pessoal a outras pessoas dentro da igreja. Mas ele nos mostra que embora a vida de solteiro seja sua preferência, não é o chamado de todos.

Através dos ensinamentos de Jesus e das cartas de Paulo, pode-se deduzir que escolher permanecer solteiro para o resto da vida ou se casar é uma escolha que todo homem deve fazer. No entanto, isso não é como escolher entre McDonald's e Burger King para o jantar. Esta decisão deve ser tomada com muito cuidado e atenção à vontade do Criador para a sua vida.

Ao tomar decisões em sua vida, o motivo por trás de sua decisão não deve passar despercebido. Muitas pessoas desejam o casamento pelos motivos errados, pensando que o casamento resolverá sua solidão ou pecados secretos. No entanto, muitas vezes as necessidades que um homem espera que uma mulher preencha, podem ser encontradas somente por meio de Cristo. O objetivo final como cristão não é casar-se ou até mesmo permanecer solteiro; em vez disso, o objetivo é permanecer em Cristo, viver uma vida de entrega à vontade de Deus e permanecer obediente a Ele para que toda a glória seja dele). Esta é a característica de um homem bíblico escolher submeter-se à vontade de Deus em vez da sua própria vontade e buscar em Deus sobre qual é o seu chamado.

Paulo continua em sua carta à igreja: "Contudo, se não conseguem controlar-se, devem casar-se, pois é melhor casar-se do que arder em desejos" (1Cor 7.9 - NVI). Paulo não está ordenando aqueles que estão consumidos pela luxúria que se casem com a primeira pessoa que virem. Em vez disso, Paulo estava escrevendo isso para um grupo de cristãos onde muitos casais de noivos estavam escolhendo por não se casar porque pensavam que o sexo era errado (1Cor 7.1). A decisão de se casar deve ser tomada com cautela e pelos motivos certos. Eu tive que fazer isso. E assim como você tomaria o mesmo cuidado ao tentar descobrir qualquer outro chamado na sua vida, você deve discernir para onde Deus está chamando você no que se refere ao status de relacionamento.

O chamado de solteiro é um chamado incrivelmente nobre. Aqueles que são chamados a uma vida bíblica de solteiro nunca se casarão, nunca farão sexo e nunca terão filhos. Eles escolhem, em vez disso, dedicar suas vidas ao avanço da mensagem do evangelho aqui na terra. Este é um sinal notável de sacrifício e dedicação, isto é, abandonar os desejos naturais e funções do corpo humano para servir o reino de Deus com maior dedicação.

A fase de solteiro é completamente para Deus. Em outras palavras, a fase de solteiro não existe para te tornar mais disponível para si mesmo, mas para se tornar mais disponível para Deus. Quando você está solteiro, seja você chamado para uma fase ou para uma vida inteira solteiro, Deus será a bandeira da sua vida.

Deus permite que muitos homens permaneçam solteiros por toda a vida para que possam realizar algumas de suas maiores obras. Descobri em minha fase de solteiro que Deus pode ser mais exigente do que um relacionamento. Há uma agenda sagrada ligada a cada homem solteiro, e você pode ser chamado, exigido e questionado mais do que muitos outros homens jamais serão.

Paulo nos diz: "O homem casado preocupa-se com as coisas deste mundo, em como agradar sua mulher" (1Cor 7.33 - NVI). Essa é a realidade de quem escolhe o casamento. O casamento produzirá um conjunto diferente de exigências e responsabilidades, comparado àqueles que vivem uma vida de solteiro. Pense por um momento nas exigências que o casamento traz. Você tem uma esposa pela qual é responsável por liderar. Você deve desafiá-la, ouvi-la, sustentá-la e cuidá-la. E pense nas demandas que uma família também tem. Você, como pai, tem a tarefa de discipular, proteger e suprir uma série de necessidades para cada um de seus filhos.

A agenda de demandas que uma família pode impor em um homem é bastante extensa, mas a agenda de Deus é ainda maior. E como um homem solteiro, você teria espaço e capacidade para realizar as obras de Deus para as quais muitos homens simplesmente não tem tempo. Paulo nos diz dessa maneira: "Gostaria que vocês estivessem livres de preocupações. O homem que não é casado preocupa-se com as coisas do Senhor, em como agradar ao Senhor" (1Cor 7.32 - NVI). A vida de um homem solteiro temente a Deus é uma vida que gira em torno do coração e da vontade dele.

Assim como muitos homens querem se casar pelos motivos errados, muitos homens também desejam permanecer solteiros pelos motivos errados. Pode ser porque eles não querem o compromisso e sacrifício que o casamento traz. Eles podem desfrutar dos ganhos financeiros que vem de não ter uma família para sustentar. Ou eles acreditam que seus desejos sexuais podem ser aliviados através da masturbação ou uma noite de sexo. Mas esses são motivos defeituosos para permanecer solteiro. Deus deixa claro que, se um homem é chamado a uma vida de solteiro, esse chamado existe apenas por causa do reino de Deus.

Provisão de Deus para uma Vida de Solteiro

Eu costumava me perguntar como um homem solteiro poderia colher alguns dos mesmos benefícios que Deus dá aos homens casados. O homem solteiro simplesmente perde as orações que sua esposa estaria fazendo sobre ele? Ele deve se queimar de desejo sexual? Ele estará mais ocioso com o tempo livre que tem, levando-o assim à tentação e talvez ao egoísmo, enquanto persegue seus próprios desejos e motivos?

É preciso lembrar que Deus sempre fornecerá as ferramentas necessárias para realizar sua missão e seu chamado. Quando Deus chama um homem para ser solteiro, Ele fornece os meios para ele viver uma vida santa e frutífera. Se Deus abençoa um homem com o casamento, Deus honrará isso e, através do poder do Espírito Santo, lhe dará a capacidade de amar sacrificialmente sua esposa.

Homens solteiros também podem confiar no poder do Espírito Santo na esperança de que suas necessidades espirituais, físicas e biológicas sejam atendidas. Haverá lutas, tentações e desafios pelos quais ele precisará superar, tanto para o homem solteiro quanto para o homem casado, mas Deus fornecerá a força necessária para viver uma vida que honre a Ele.

Como um homem solteiro, eu já experimentei isso antes. Embora eu acredite que não sou chamado a uma vida de solteiro, sendo um rapaz que está atualmente nesse momento, vi, através do ministério do Espírito Santo, minhas necessidades emocionais, físicas e espirituais serem atendidas sem precisar de uma mulher para isso. É uma realização completa que só é disponibilizada e descoberta através da morada do Espírito dentro de você. Na fase de solteiro, para a qual Deus o chamou, Ele lhe dará a capacidade de viver a vida na cultura moderna, como um homem solteiro enquanto produz frutos, faz a diferença e tem contentamento.

A Vida de Solteiro é um Presente

Quer a vida de solteiro seja para o resto da vida ou por uma fase, todos devem perceber que ela é um presente de Deus. Não é o segundo melhor presente e os homens que estão solteiros não erraram mais do que os homens que são casados. Significa simplesmente que Deus tem um chamado individual e único na vida do homem solteiro e, muitas vezes, Deus está fazendo um trabalho através de um homem mais do que qualquer um pode ver ou perceber.

Por outro lado, tornar-se um marido e liderar uma família é uma vocação nobre, mas não é melhor ou pior do que o chamado para uma vida de solteiro. Tanto a fase de solteiro quanto o casamento devem ser honrados como status de vida que Deus usa para construir sua igreja de maneira única.

Para aqueles que não são chamados à vida de solteiro, devemos constantemente nos perguntar: "Como estou apoiando os homens e mulheres ao meu redor que são realmente chamados à vida de solteiro?" Não podemos nos permitir julgar esses irmãos e irmãs e devemos trabalhar fielmente para promover o bem-estar e o sucesso desses membros de nossa família espiritual. Em vez de tentar resolver um problema que não existe, tentando encontrar potenciais cônjuges para homens e mulheres chamados à vida de solteiro, devemos procurar entender as necessidades e demandas únicas de nossos irmãos e irmãs que estão administrando o chamado do Senhor.

Para aqueles que são chamados a uma vida de solteiro, perguntem a si mesmos: "Como posso servir ao reino de Deus com o tempo extra que tenho, incluindo aqueles que são casados?" Desafie-se a passar tempo com homens que são maridos e aprender o que significa ser casado e ter filhos.

Analisando o enorme grupo de homens das igrejas ao redor do mundo, acredito que a maioria deles é chamado ao casamento um dia e é provável que a maioria dos homens que leiam este livro também estarão comprometidos com uma esposa um dia. Afinal, como poderíamos sustentar gerações sem a procriação que vem como fruto do casamento? Mas muitos lutam para entender sua fase atual de vida e como ela se relaciona com as futuras fases da vida que virão.

Se você está solteiro agora, a melhor coisa que você pode fazer é se preocupar com os assuntos do Senhor e você pode agradá-lo como Paulo nos encoraja a fazer (1Cor 7.32). Faça disso sua principal prioridade. Faça isso acima de procurar uma esposa adequada, mesmo que você ache que é chamado para o casamento. Deus colocou você nesta fase de solteiro agora para realizar grandes obras através de você.

A sua identidade, que você tem enraizada em Deus, ajudará a ativá-lo para uma vida de serviço e dedicação ao reino de Deus. Persista em descobrir o que Deus diz sobre a sua identidade na Sua Palavra e passe tempo reforçando essas verdades em sua mente. Sua compreensão do significado da fase de solteiro resultará da compreensão de quem você é como filho de Deus.

Uma Pergunta
Você atualmente idolatra o casamento ou a vida de solteiro? Como você vê esses chamados como papéis significativos dentro da comunidade cristã?

Uma Mudança
Se você nunca considerou se é chamado para uma vida de solteiro, reserve um tempo para perguntar a Deus se é isso que Ele deseja para você. Se você considerou isso, mas não sente nenhuma clareza, peça a um pastor ou mentor para ajudá-lo a refletir através de ensinamentos bíblicos como isso se relaciona à sua vida.

Uma Oração
Senhor, obrigado por me criar e me permitir viver a vida em um momento como este. Confesso meu descontentamento com a fase de vida em que você me colocou, seja no passado ou no presente e peço que você cultive dentro de mim um coração grato por essa fase. Ensina-me a ficar ansioso com o que o Senhor está ansioso e a usar minha posição de solteiro como nada menos que uma oportunidade de influenciar outros para o seu reino. Amém.

PARTE DOIS
Encontre a Liberdade

Capítulo 6

Deixe a Liberdade Soar

A vida de solteiro lhe oferece uma oportunidade de liberdade. Não, não estou falando sobre ser livre de uma esposa ou da oportunidade de viver o estilo de vida de solteiro. O que quero dizer é que seus anos de solteiro são um momento único para compreender a promessa de liberdade do pecado através de Jesus Cristo. Para o mundo, isso vai parecer ridículo, mas para o seu futuro isso é absolutamente necessário.

Qualquer que seja a razão de Deus para lhe dar esta fase de solteiro ou o propósito dele para o seu futuro, Ele tornou pelo menos isso conhecido: "A vontade de Deus é que vocês sejam santificados: abstenham-se da imoralidade sexual; Cada um saiba controlar o próprio corpo de maneira santa e honrosa" (1Ts 4.3–4 - NVI). Em outras palavras, Deus quer que você identifique e trabalhe em seus pensamentos tóxicos, imoralidade sexual e nos pecados secretos que atormentam sua vida agora. Seus anos de solteiro são uma oportunidade de encontrar a liberdade desses pecados antes que eles tenham a oportunidade de ameaçar a liderança de servo de sua esposa no casamento.

Encontrar essa liberdade significa buscar a santidade e buscar crescer no tipo de caráter que Deus deseja para seus filhos. Quando buscamos a santidade, nos tornamos mais como a pessoa de Jesus

Cristo. Buscar a santidade envolve crescer em sua consciência dos pecados em sua vida, eliminar hábitos que podem levar ao pecado e substituir esses hábitos por ações que levem você a se tornar mais parecido com Cristo. Fazer isso não será fácil e será contracultural. Mas será melhor para você, seus amigos e sua futura família a longo prazo. Aqui estão algumas razões pelas quais você deve se concentrar em trabalhar em suas maiores lutas agora.

Esconder o Pecado Prejudica o Seu Futuro

É impossível florescer enquanto se vive num estilo de vida pecaminoso. Tiago deixa isso claro quando escreve: "E o pecado, uma vez consumado, gera a morte" (1.15 - NVI). Para a maioria das pessoas, são os pecados que eles nunca revelam a ninguém que estão silenciosamente matando-os por dentro. Você sabe que o que faz é errado, mas a culpa e vergonha que você enfrenta é demais para suportar e você é lançado de volta ao ciclo do pecado, depois de prometer a si mesmo que nunca mais faria isso.

Esconder o pecado é uma segunda natureza para nós. Assim que Adão e Eva pecaram, eles se esconderam de Deus. E nós fazemos o mesmo. Acreditamos na mentira de que podemos consertar as coisas por conta própria e que estamos melhor se ninguém souber a profundidade do problema com a qual lutamos. Mas os Provérbios nos dizem outra coisa, "Quem esconde os seus pecados não prospera, mas quem os confessa e os abandona encontra misericórdia" (28.13 - NVI). Já que a Palavra de Deus é verdadeira, então é verdade que não iremos longe se escondermos nossos pecados.

O Casamento Não Vai Resolver o Problema

Por anos, acreditei que se eu começasse a namorar alguém e me casasse, estaria livre de todos os meus pecados mais sombrios. Por anos eu acreditei em uma mentira.

A verdade é: o que é minimizado agora será maximizado mais tarde. As mesmas tentações que você tem agora não evaporarão quando você se casar. Na verdade, você pode até enfrentar tentações ainda mais fortes quando se casar.

É crucial que você comece a aprender maneiras sagradas e bíblicas de lutar contra suas maiores tentações em seus momentos mais fracos. Um amigo costumava me dizer, que não importa o quão longe você vá ao longo da estrada da vida, a valeta está sempre à mesma distância. Você será tentado pelo resto de sua vida a se voltar para hábitos carnais e mundanos, por isso é fundamental que você aprenda a responder a essas tentações agora.

Quem você é hoje indica quem você será quando se casar. Um casamento não vai mudar isso. Somente Deus pode mudar isso à medida que você o busca ativamente para libertar-se do pecado. Então, agora, em seus anos de solteiro, você tem a chance de remodelar a forma como lida com essas tentações e como aborda suas fraquezas.

A Busca pela Liberdade dura a Vida Toda

Antes que eu o atraia com uma fórmula mágica, você deve saber que a busca pela santidade dura a vida toda. Você não será capaz de consertar tudo antes de se casar e você estará (assim espero) sempre lutando com o Senhor sobre seus pecados.

Essa percepção me atingiu com força, porque estou sempre buscando o sucesso e gosto de finalizar as tarefas. Meu mentor me chamou um dia quando percebeu o quanto eu estava frustrado por ainda enfrentar as mesmas tentações de pecar. Ele me lembrou que, embora eu possa exercer autocontrole em resposta às tentações, não posso impedir que as tentações venham ou escolher quais me confrontarão.

Deus permite que você passe por tentações e dificuldades para que Ele possa lhe ensinar algumas de suas maiores lições, assim como Ele fez com muitas das pessoas sobre as quais lemos ao longo da Bíblia (veja Salmos 91.14-16). Deus usará todas as suas tentações para testá-lo e Ele usará todas as suas provações para ensiná-lo.

À medida que você mergulha na reformulação de seus anos

de solteiro para encontrar a liberdade através de uma busca pela santidade, sua capacidade de fazer duas coisas determinará o progresso que você alcança.

Primeiro, chegando perto de Deus. Você não pode encontrar liberdade se você não conhece a Deus. É por isso que a primeira parte deste livro se concentrou em descobrir quem você é ao permanecer em Cristo. A profundidade do seu relacionamento com Cristo tem uma correlação direta com o quão bem você se liberta do passado e diz não às tentações do mundo. Buscar a santidade significa buscar a Deus. Não há substituto para o seu relacionamento com Deus.

Segundo, o seu progresso em direção à santidade está ligado aos limites que você estabelece. As coisas que você corta da sua vida, as pessoas com quem você para de sair, os aplicativos que você exclui e os pensamentos que você impede, acelerarão sua jornada em direção à se parecer mais com Cristo.

Vou avisá-lo de cara: encontrar a liberdade é difícil. Você pode ficar tentado a desistir e pode desejar voltar aos seus velhos hábitos. Mas lembre-se de que são as coisas mais difíceis a curto prazo que levam ao florescimento a longo prazo. O escritor de Hebreus disse assim: "Nenhuma disciplina parece motivo de alegria no momento em que é recebida, mas sim motivo tristeza. Mais tarde, no entanto, produz o fruto de justiça e paz para aqueles que por ela foram exercitados" (Hb 12.11 - NVI). Você está pronto para usar seus anos de solteiro para uma disciplina dolorosa, para que mais tarde você desfrute de uma colheita da vida com Deus?

Uma Pergunta
Qual é uma luta em sua vida da qual você gostaria de se libertar enquanto está solteiro?

Uma Mudança
Passe um tempo pensando em como seria sua vida se você encontrasse

a liberdade de alguns de seus pecados. Pense na alegria que seria para você se parecer mais com Cristo. Quando você se sentir tentado a voltar aos velhos padrões, lembre-se dessa alegria que você está buscando.

Uma Oração
Senhor, obrigado pela oportunidade que tenho nesta vida de crescer e me tornar mais santificado. Ajude-me a buscar a santidade para que eu possa viver cada dia mais como Cristo. Revele meus pecados para mim e permita que meus relacionamentos com os cristãos através do Espírito Santo me ajude nesta busca pela liberdade. Amém.

Capítulo 7

Luxúria

Não é surpresa que um dos maiores obstáculos com os quais a maioria dos homens luta seja a sexualidade. Quero passar alguns capítulos aqui entrando nas ervas daninhas da luxúria, pornografia, masturbação e sexo, oferecendo ajuda prática nessas áreas.

Muitos homens ficam desanimados quando veem uma pessoa atraente e não conseguem superar a tentação de cobiçá-la. Eu sei porque já passei por isso. Você sente que você está correndo em uma esteira, pois parece que você nunca pode se livrar dessa luxúria. E isso pode ser muito irritante.

Não importa aonde você vá, com certeza verá pessoas que você acha atraentes. As pessoas atraentes não são o problema. O problema é como você responde em sua mente às pessoas que você acha atraentes.

Ao pensar na luxúria, é importante pensar sobre o que a luxúria sinaliza para nós. O que está acontecendo embaixo da superfície? No fim, a luxúria é pegar o que foi originalmente projetado para o bem e distorcê-lo para o mal. Isso acontece por causa dos efeitos do pecado. Veja bem, você e eu fomos projetados para apreciar a beleza. Deus criou o homem para cortejar a mulher, então faz sentido que um homem seja capaz de parar e apreciar a beleza de uma mulher e experimentar o desejo sexual. No entanto, o pecado transformou poderosamente nosso bom desejo de apreciar a beleza em idolatria, luxúria e abuso.

É fácil ignorar a luxúria e achar que está tudo bem, já que ninguém pode saber o que você está pensando dentro de sua cabeça, mas muitas vezes são os pequenos deslizes que levam à maior destruição. Permitir que a luxúria se instale em nossas mentes nos fará comprometer a obediência em maior grau no futuro. A luxúria afeta você mais profundamente do que você pensa e tem um efeito em sua busca futura pela santidade. Jesus nos adverte: "Os olhos são a lâmpada do corpo. Portanto, se os seus olhos forem bons, todo o seu corpo estará cheio de luz. Mas, se os seus olhos forem maus, todo o seu corpo estará cheio de trevas." (Mt 6.22–23 - NVI). O que você faz com seus olhos não fica apenas nos seus olhos. Como diz Jesus, tem o poder de afetar todo o seu corpo. A luxúria pode parecer irrelevante, mas seus efeitos são enormes.

Quando cobiçamos, desrespeitamos esta pessoa e a Deus. Quando você olha, encara ou fantasia, você abandona a verdade sobre a identidade de uma pessoa criada à imagem de Deus e a torna um objeto para sua própria gratificação sexual. A luxúria destrói, degrada e desconsidera a honra dada por Deus a um filho dele.

A luxúria era predominante durante o tempo de Jesus na terra— tanto que Jesus pregou sobre o tema da luxúria. Em um sermão, Jesus disse: "Mas eu digo que qualquer que olhar para uma mulher e desejá-la, já cometeu adultério com ela no seu coração." (Mt 5.28 - NVI). Aqui Jesus pega a questão da luxúria e a eleva para igualar ao pecado abominável do adultério. Esta é uma forte declaração. Jesus diz que a luxúria é igual ao adultério. Por que isso?

A resposta é simples. Jesus chama os cristãos a viverem uma vida de completa santidade que começa com os olhos, a mente e o coração. O objetivo não é apenas não cometer adultério; é também manter tudo em você puro e santo. Pense desta forma, se Jesus não tivesse igualado a luxúria ao adultério, então você e eu estaríamos livres para luxúria e nos entregar à paixão sexual, desde que não cometêssemos adultério. Mas Jesus deseja uma mudança total no coração de seus seguidores.

Jesus sabe que pequenos atos de luxúria levam a pecados maiores e piores mais adiante. Como seguidores de Cristo, você e eu somos chamados a uma vida de completa santidade e isso significa estarmos conscientes de onde olhamos.

Agora, ao considerarmos as palavras de Jesus, é interessante para mim como Jesus não disse, "qualquer que olhar para uma mulher já cometeu adultério," mas, em vez disso, Ele diz, "qualquer que olhar para uma mulher e desejá-la," comunicando que o pensamento lascivo em nossas mentes que é o problema. Então, apenas olhar uma mulher atraente não é o problema, porque, de fato, você continuará a ver pessoas atraentes pelo resto da sua vida. Em vez disso, é o segundo olhar, o lugar aonde sua mente vai ou como você se envolve com essa pessoa que dá origem ao pecado.

Este é um pensamento libertador! Não há problema em reconhecer que alguém é atraente, mas há problema em cobiçar, desejar ou fantasiar sobre essa pessoa. Você não está errado porque percebe que uma mulher é muito atraente; essa é uma experiência normal.

Também é importante observar que você não está errado se estiver sendo tentado à luxúria. Lembre-se, o próprio Jesus foi tentado e viveu uma vida sem pecado. Da mesma forma que Jesus disse não à tentação, então você e eu devemos tomar a difícil decisão de dizer não à tentação da luxúria.

Digo isso para você porque sei que muitos homens ficam presos no ciclo da vergonha de ver pessoas atraentes ou serem tentados. Tudo bem que essas duas coisas estejam presentes na sua vida! O que não está certo é ceder ao pecado. Deixe que as tentações que você tem o aproximem de Deus. Você nunca vai parar de ver pessoas atraentes, nem vai parar de ser tentado, então não se prenda ao ciclo da vergonha e nem se imponha esse peso.

Então, como você combate a luxúria? Bem, as Escrituras são claras sobre como responder às atraentes tentações sexuais do nosso dia a dia. E a boa notícia é que as Escrituras não nos dão uma receita complicada sobre como responder às nossas tentações ardentes; na verdade, é muito simples.

Fugir

Muitos homens com quem falo ficam desanimados com seus desejos de ceder à luxúria à medida que continuam a olhar para imagens e se colocam em lugares onde veem pessoas atraentes. As Escrituras nos dizem para fazer isso de forma diferente. Paulo nos diz simplesmente para "fugir da imoralidade sexual" (1Cor 6.18 - NVI). Fuja! Quando somos tentados pela luxúria, vamos fugir! Corra! Abandone avidamente a situação em que está e fuja! Isso é o oposto de prolongar o pensamento sobre uma pessoa, imagem ou fantasia. Fique o mais longe que puder dessas tentações quando elas vierem.

Renovar

Como somos criaturas tão pecaminosas vivendo em um planeta quebrado, teremos que treinar constantemente nossa mente para ter pensamentos mais puros e santos, em vez dos pensamentos perversos e presunçosos que naturalmente desfrutamos. As Escrituras chamam isso de "renovação da mente". Romanos 12:2 nos diz que, para sermos transformados, devemos renovar nossa mente. Isso significa que reconhecemos nossos pensamentos malignos e impuros e, em seguida, fazemos o esforço consciente para substituir esses pensamentos pela verdade das escrituras (veja 2Cor 10.4-6).

Confiar

As tentações apresentam visões cristalinas do mundo em que você poderia estar vivendo se apenas cedesse à essa tentação. Portanto, o oposto de cair em uma tentação é viver pela fé e ser obediente ao que Deus o chamou para fazer. A fé é algo que não pode ser visto; requer plena rendição e confiança para avançar, mesmo que você não consiga ver onde seu pé pousará (veja Hebreus 11.1). Viver pela fé é o oposto de viver pelos desejos de sua carne.

Você deve escolher viver com fé em que o caminho de Deus é o melhor para você. Obediência e fazer as coisas à maneira de Deus não farão sentido para você de início, mas é melhor para você a longo prazo. Quando você está tentado a se entregar à luxúria, você deve se lembrar dos mandamentos de Deus e do seu compromisso pessoal de organizar sua vida em torno dos projetos e desejos de Deus, em vez de si próprio. As Escrituras nos encorajam: "Porque nisso consiste o amor a Deus: obedecer aos seus mandamentos. E os seus mandamentos não são pesados. O que é nascido de Deus vence o mundo; e essa é a vitória que vence o mundo: a nossa fé" (1 João 5.3-4). Confie que o caminho de Deus é melhor e organize sua vida de acordo com essa confiança.

Uma Pergunta
Quais são algumas das possíveis consequências na vida que podem ocorrer se eu não lutar contra o desejo de luxúria?

Uma Mudança
Considere os gatilhos (pessoas, lugares, humores, etc.) que o levam para uma mentalidade lasciva. Anote os gatilhos mais significativos e considere como você pode responder a eles com oração—por exemplo, orando antes de ficar sozinho em casa ou orando pelo bem de uma pessoa que você está tentado a cobiçar.

Uma Oração
Deus, eu agradeço por me criar com a capacidade de apreciar sua criação e beleza. À medida que o pecado enche esta terra, reconheço que minha apreciação pela beleza se tornou distorcida e muitas vezes me leva a pecar. Senhor, coloca um desejo em meu coração de lutar contra a tentação da luxúria e me ajuda a fugir, renovar minha mente e confiar em sua Palavra e em seus mandamentos? Eu oro para que você crie um corpo limpo enquanto eu me esforço para manter meus olhos puros. Obrigado, Senhor. Amém.

Capítulo 8

A Coceira pela Intimidade

Eu sou extremamente alérgico a hera venenosa. Eu poderia te contar sobre uma vez quando era criança, onde passei horas construindo o forte mais legal da floresta, apenas para perceber dois dias depois que todo o meu forte foi construído com folhas de hera venenosa. Eu poderia te contar sobre uma vez em que brinquei com videiras de hera venenosa no inverno porque pensei que, como outras plantas, a hera venenosa estava morta no inverno. Eu até poderia te contar sobre a vez em que eu escolhi acidentalmente as folhas erradas na floresta quando eu estava fazendo o "número dois" em uma caminhada. Sim, essa vez não foi nada divertido.

Se você é alérgico a hera venenosa, você sabe como é a coceira. É diferente de uma picada de inseto ou irritação na pele. A hera venenosa causa uma irritação sem fim e ardente. Ataca profundamente a pele e dá uma coceira constante que parece que nunca vai passar. Mesmo quando você coça (e não deveria!), o alívio vem por um segundo, mas então a coceira volta à vida.

Você não precisa ser alérgico a hera venenosa para experimentar essa coceira sem fim em sua própria vida. Há chances de que você provavelmente tenha experimentado algo semelhante no que se refere ao seu desejo de intimidade sexual. Seu fogo por intimidade o levou a assistir mais pornografia do que jamais imaginou e se entregar à masturbação incontáveis vezes. Você tem o desejo de olhar para algo, então satisfaz o desejo entregando-se ao que você quer, apenas para perceber que o alívio foi temporário.

Todo ser humano foi programado para a intimidade. A palavra intimidade muitas vezes alude a encontros sexuais, mas quero falar sobre intimidade como um conceito mais amplo e defini-la como um relacionamento próximo com outra pessoa ou com Deus. Toda pessoa tem esses desejos. Todo mundo tem o desejo de conhecer Deus profundamente (veja Eclesiastes 3.11) e o desejo de estar perto dos outros—não apenas um cônjuge, mas família e amigos em relacionamentos autênticos.

A má notícia é que, como vivemos em um planeta pecaminoso, nossos desejos de proximidade com Deus e com os outros se tornaram distorcidos e frustrados e muitas vezes procuramos satisfazer esses desejos de intimidade por meio de atos sexuais. Dentro de um casamento, os atos sexuais são uma boa expressão de um tipo específico de intimidade. Mas quando alguém faz um esforço para satisfazer sua ampla necessidade de intimidade por meio de atos sexuais fora do casamento, isso se torna pecado. E no final, isso não vai satisfazer essa necessidade.

A pornografia é uma das preocupações predominantes que os homens enfrentam hoje. O ciclo é difícil de quebrar. Você pode passar horas assistindo pornografia e minutos depois de assistir já sentirá vergonha. Então, você faz uma promessa a si mesmo de que nunca mais fará essa coisa tão horrível, mas em pouco tempo você está assistindo novamente. É nojento e divertido ao mesmo tempo. Antes de começar a assistir, é a única coisa no planeta que você quer; no entanto, depois, sua culpa toma conta e você anseia por qualquer coisa, menos isso.

A indústria global de pornografia está crescendo e gera um rendimento de 97 bilhões de dólares a cada ano.[1] Nos Estados Unidos, a indústria pornográfica rende de 12 a 14 bilhões de dólares

---

1 Linder, Jannik. "Pornography Industry Statistics." [Estáticas da Indústria Pornográfica] GITNUX. Acesso em: 29 de Junho, 2024. Disponível em: https://gitnux.org/pornography-industry-statistics/.

e representa 20% das vendas de comércio online.² O sucesso dessa indústria incentiva as empresas a continuarem produzindo conteúdo na esperança de gerar lucro. A pornografia está mais acessível do que nunca, por isso é importante que você reserve um tempo para entender as causas que o levam a olhar para a pornografia e desenvolver disciplinas em sua vida para acabar com esse hábito.

A palavra pornô ou pornografia é derivada da palavra grega porneia, que significa "imoralidade sexual". Assim, podemos chegar a conclusão de que qualquer tipo de luxúria, visualização de imagens sexualmente explícitas e encontros sexuais com outras pessoas são uma forma de pornografia.

A pornografia é um grande problema por muitas razões. Para começar, a pornografia, juntamente com a masturbação, reprograma completamente o cérebro de um homem e muda a maneira como ele pensa.³ Isso faz com que os homens transformem as mulheres em objetos sexuais e, ao mesmo tempo, incentiva o próprio isolamento do homem. Suas cenas no estilo de Hollywood retratam o sexo de uma maneira irrealista que poder fazer com que um homem tenha expectativas irrealistas de sexo dentro do casamento.

A pornografia é um problema enorme e, para realmente "corrigir" isso em sua vida, você precisará começar com a raiz do problema. Muitos homens sentem vergonha depois de olhar para uma imagem explícita ou se masturbar com pornografia e isso faz com que eles evitem pensar sobre o que continua levando-os de volta a esse mesmo hábito. É importante que nos aprofundemos e consideremos o que está realmente no centro desses desejos.

Precisamos lembrar que, de fato, foi Deus quem criou o sexo, não o homem. Deus projetou o sexo para ser um ato cheio de prazer entre um marido e uma esposa e para ser um ato de adoração para Ele. Melhor ainda, Deus fez o sexo como um meio de reprodução, a fim de

---

2   Ibidem.
3   Black, Sam. "The Porn Circuit." Covenant Eyes, (2020). Acesso em: 29 de Junho, 2024.

criar mais ícones de sua imagem que pudessem povoar a terra e adorá-lo. Deus não está surpreso com o nosso amor por sexo, mulheres ou beleza. De fato, foi Ele quem os criou.

O problema é que, como o pecado entrou no mundo, agora lutamos com esses bons desejos dentro do contexto de um planeta quebrado e pecaminoso. Assim, muitos de nossos desejos, embora sejam bons e dados por Deus, foram distorcidos por Satanás. Como Satanás não tem o poder de criar nada, seu ataque estratégico é distorcer bons desejos em atos malignos. Devemos agora ter um cuidado especial para preservar esses bons desejos dentro de seus contextos sagrados, em vez de usar esses desejos para nos satisfazer e ceder ao pecado.

Entender isso ajuda profundamente com a luta da vergonha. Conversei com dezenas de homens que concordam que depois de assistir pornografia e se masturbar, o sentimento de vergonha paira intensamente sobre eles, e a névoa da vergonha prejudica sua capacidade de desfrutar da bênção da verdade do evangelho e da liberdade em Cristo. Mas lembrar a nós mesmos que Deus originalmente nos deu esses desejos e a sede de sexo nos dá uma visão adequada da ordem criada e nos capacita a assumir o domínio sobre as tentações da carne.

Os homens voltam à pornografia repetidamente porque ela promete satisfazer seu desejo de intimidade. Há um sentimento de pertencimento que vem ao assistir pornografia. Como eu disse anteriormente, homens e mulheres sempre terão o desejo de estar perto de outras pessoas, e muitas vezes os homens tentarão satisfazer esses desejos assistindo pornografia.

Por favor, ouça isso: Deus criou você como uma pessoa que anseia pela intimidade e para aproveitá-la ao máximo. Você é programado para isso e a verdade é que todo homem tem o desejo de amar os outros e ser amado. A razão pela qual os homens se voltam para a pornografia é porque buscamos e ansiamos por intimidade. A pornografia geralmente oferece os sentimentos mais intensos de intimidade que um homem já experimentou—apesar do fato de que não há intimidade real, porque você não está interagindo com a pessoa.

Aprendi isso na faculdade quando percebi que muitas vezes enfrentava tentações logo após a igreja ou quando estava perto de pessoas que me faziam sentir amada e cuidada. O desejo e a necessidade de intimidade nunca se dissolvem, mas neste mundo pecaminoso, nos treinamos para satisfazer a coceira pela intimidade de maneiras erradas.

Se os homens querem superar o vício da pornografia, ele devem aprender a abordar o verdadeiro problema do coração. O coração anseia por intimidade. Um homem deve aprender a satisfazer essa coceira íntima ou profundo desejo. No fim, como um homem solteiro, a cura está em buscar um relacionamento profundo e amoroso com Deus, junto a outros homens cristãos e em ambientes apropriados com mulheres cristãs. Um relacionamento gratificante, contínuo e dinâmico entre um filho de Deus e seu Pai celestial é a cura definitiva para a constante coceira por intimidade. E Deus se encontra com seus filhos através de outros filhos e através de irmãs em Cristo. Cultivar uma vida de relacionamento autêntico com Deus e seu povo se torna a maior estratégia para derrotar sua luta contra a pornografia.

Pense em um marido que pode ser tentado a trair sua esposa. Se o marido decidir se dedicar totalmente à sua esposa, seus desejos de traí-la provavelmente diminuirão. Mas se ele não conseguir cultivar um relacionamento carinhoso e amoroso com ela, ele pode estar mais inclinado a ter caso. É por causa do amor de um homem por sua esposa que ele opta por não traí-la. Na verdade, é com grande alegria que ele honra sua esposa e gosta da prática de sexo com ela. Ele não diz: "Droga, acho que não vou trair minha esposa hoje à noite, já que não devo." Não, em vez disso, a intimidade que ele criou com sua esposa afasta as tentações externas.

Na verdade, quase sempre é melhor correr em direção a algo do que fugir de algo. Muitos homens sabem que pornografia é errado, mas tentam lutar contra isso com a estratégia errada. Eles pensam sobre as centenas de maneiras de dizer não à pornografia e os limites que devem ser estabelecidos em vez de correr para algo melhor. Concentre-se em correr para Deus e para seus relacionamentos com outros crentes, em vez de fugir do pornô. Permitir que Deus realmente satisfaça o desejo que você tem por intimidade é uma estratégia muito melhor do que apenas dizer não a si mesmo repetidamente, toda vez que você pensa em assistir pornografia.

Superar o vício ao pornô se resume à sua vontade de fazer o trabalho duro e ir mais fundo em seu relacionamento com Deus e com os outros. E sim, eu disse trabalho duro. Isso é escolher passar um tempo com Deus em oração quando você tem a forte tentação de assistir a um filme pornô. Quando você está sozinho e tentado a olhar para algo, é ir para o quarto, ficar de joelhos e escolher passar um tempo com Deus em uma conversa. É ir passear e falar em voz alta com Deus. Significa abrir sua Bíblia em vez de seu computador quando você estiver tentado. Este é o trabalho duro e nada em você vai querer fazer isso quando quiser assistir pornografia.

Você deve se treinar para buscar satisfação pelo seu desejo de intimidade com Deus, em vez da pornografia. Alerta de spoiler: o desejo de intimidade nunca desaparecerá. Assim, pelo resto de sua vida, você deve fazer esforços conscientes e decisões intencionais para satisfazer esses desejos íntimos adequadamente.

Passar tempo com outras pessoas também é uma ótima maneira de reorientar esses desejos íntimos. No fim das contas, seus desejos devem ser satisfeitos por Deus, mas Deus usa seu povo para ajudá-lo a se sentir conhecido, visto e pertencente. Quando você tem o profundo desejo de assistir pornografia ou voltar a um lugar pecaminoso onde você já encontrou intimidade antes, fuja dessas tentações e encontre pessoas com quem você possa estar. Chame um amigo. Convide alguém para sua casa. Saia para jantar com alguém. Faça algo que lhe permita desfrutar da comunhão com outros irmãos e irmãs em Cristo.

Não podemos deixar de levar isso a sério, pois somos parte do corpo de Cristo que existe para o serviço ao seu reino. Eu encorajo você a ser implacável sobre eliminar o hábito da pornografia em sua vida. Use as etapas descritas no capítulo anterior para ajudá-lo a escapar do ciclo de tentar encontrar contentamento e alegria em imagens explícitas. À medida que consideramos os efeitos prejudiciais da pornografia e como ela o aprisiona e o limita, também será importante entender os efeitos que o ato da masturbação tem em você, em seu cérebro e em seus relacionamentos com os outros. Agora é a hora de focar nisso.

Uma Pergunta
Você já considerou construir um relacionamento íntimo com Deus antes? Como isso pode afetar seu relacionamento com o pecado?

Uma Mudança
Da próxima vez que você tiver vontade de assistir pornografia, reserve cinco minutos para avaliar o que seu corpo e sua mente estão realmente desejando. Ore e diga a Deus como você está sendo tentado e o que está desejando.

Uma Oração
Senhor, reconheço que eu sou um pecador e preciso desesperadamente de sua graça e perdão. És santo e justo e eu desejo ser como você. Por favor, destaque para mim as maneiras pelas quais meu coração deseja intimidade e me capacite a escolher cultivar a intimidade contigo em vez de em algo mundano. Deus, eu oro para que a intimidade que eu experimente com o Senhor remodele minha vida e me conforme mais à imagem de Cristo. Amém.

Capítulo 9

Irritando a Coceira

Anteriormente, contei sobre minha infeliz inclinação natural na vida de atrair hera venenosa na minha pele. Eu não consigo te dizer quantas vezes eu toquei numa hera venenosa e é cada vez pior que a anterior. A coisa com a hera venenosa é que você quer que a erupção seque com o tempo. Se não secar, pode piorar e se espalhar para outras partes do seu corpo. Houve uma vez em que cometi o erro de usar loção para a pele para hidratar a erupção cutânea de hera venenosa que eu tinha. Caramba! Em vez da minha erupção desaparecer, o hidratante aumentou a hera e a coceira ficou mais inflamada. Não foi nada agradável! Talvez eu escreva um livro um dia sobre todas as coisas que aprendi sobre a hera venenosa.

À medida que os homens continuam em suas jornadas para encontrar a liberdade sobre questões sexuais que atormentam seu passado e presente, é importante falar sobre um hábito que tantos homens fazem que inflama sua coceira por intimidade e desejos sexuais e, por sua vez, paralisa os homens. A masturbação é uma das maiores lutas que os homens com quem falo hoje experimentam. Para alguns deles, a masturbação continua sendo um problema, mesmo depois de terem se libertado da pornografia. Para alguns, a principal luta sexual em sua vida é a masturbação, mas eles não podem interromper o ritmo semanal, diário ou horário deste ato.

Quando refletimos sobre a masturbação, devemos deixar que a Palavra de Deus nos informe sobre o que fazer com esse ato. A Bíblia não aborda a masturbação diretamente, embora possa ser aludida em alguns lugares. Mesmo que não aborde especificamente se é um pecado ou não, nos informa como organizar nossas vidas e defender uma ética sexual como um discípulo de Cristo.

Paulo encoraja os crentes a viver uma vida pura e a não deixar que haja "nem sequer menção de imoralidade sexual, nem de nenhuma espécie de impureza... pois essas coisas não são próprias para os santos" (Ef 5.3 - NVI). Sabemos que os atos sexuais são destinados por Deus a serem prazerosos e apreciados por um homem e uma mulher casados. Qualquer ato sexual que seja realizado fora do projeto de Deus para o casamento é um pecado e é uma ação que facilmente terá suas próprias consequências.

Pode ser tentador pensar que, porque ninguém mais está envolvido no ato de masturbação, se você pode fazê-la sem imagens lascivas em suas mentes, então a masturbação é boa para fazer e, de fato, não é um pecado. Isso não muda o fato de ser errado. Mesmo que você mantenha autenticamente sua mente livre de pensamentos e imagens lascivas, você ainda está tirando um ato sexual do contexto certo e usando-o para seu prazer individual. A masturbação é de fato um pecado e a chance de superar esse hábito em sua vida aumentará quando você começar a abordá-lo como tal.

Vamos pensar um pouco mais sobre esse hábito e os efeitos que ele está tendo na sua vida. O orgasmo produz uma das experiências químicas mais poderosas que você terá em seu cérebro. É uma exibição de fogos de artifício de neuroquímicos. E à medida que você repete esse hábito, são estabelecidas vias neurais que incentivam a indulgência contínua.

Um dos produtos químicos mais poderosos que é liberado quando você tem um orgasmo é a dopamina. Este hormônio ativa ou melhora seu circuito de recompensa em sua mente. É a sensação de "sentir-se bem" que vem quando você tem um orgasmo. E como a dopamina também auxilia seu cérebro com a memória, quando você é ativado sexualmente, a dopamina lembra que você respondeu a esse gatilho no passado. Se você respondeu a paixões sexuais no passado se masturbando, a dopamina está lá para lembrá-lo de responder da mesma maneira. À medida que a dopamina intensifica o desejo por um orgasmo futuro, essa "droga" se torna altamente viciante.

Além disso, quando você se masturba, a ocitocina é liberada em seu cérebro. A ocitocina é uma substância química de ligação. O que quer que você esteja olhando no momento, a ocitocina ajuda você a se relacionar com essa coisa. Isso é incrivelmente poderoso. Não importa o que você esteja olhando quando cede a isso, a ocitocina está lá para servir como um Super Bonder e te colar fortemente a esse objeto, pessoa ou imagem. Toda vez que você se entrega, você continuamente se prende e se apega à coisa que está olhando, seja qual for o objeto.

Outra dinâmica importante para esta conversa é o seu nível de testosterona. A testosterona nos homens é produzida ao longo do dia, mas quando um homem é estimulado sexualmente, o corpo produz esse produto químico em quantidades ainda maiores. Essas quantidades maiores levam a um desequilíbrio químico nos homens, o que faz com que os homens sexualizem pessoas e objetos com mais frequência e aumenta seu desejo de intimidade.8 Isso soa familiar?

Existem muitos outros produtos químicos em seu cérebro que são liberados quando você tem um orgasmo, mas entender quais são os poderes da dopamina, ocitocina e testosterona o ajudará na sua luta contra esse hábito indesejado.

Um homem que busca superar a tentação de ceder ao pecado da masturbação deve examinar os gatilhos em sua vida que o encorajam a fazer esse ato. Para alguns, há gatilhos físicos, como entrar em uma casa vazia, tomar banho, deitar-se na cama ou trocar de roupa. Há também gatilhos emocionais que podem levar um homem a ceder a esse pecado—coisas como se sentir negligenciado na comunidade, sentir vergonha do corpo, falhar em uma tarefa, ser rejeitado, insegurança sobre a masculinidade ou sentir-se estressado.

É importante notar que muitos dos gatilhos que você vivencia são normais, coisas cotidianas que são difíceis de evitar. Ver uma pessoa atraente, ser rejeitado ou trocar de roupa são coisas que provavelmente acontecerão com você todos os dias da sua vida. Portanto, o problema não reside tanto nesses gatilhos. Em vez disso, está em como você lida com a tentação de pecar quando experimenta um desses gatilhos.

Essas coisas se tornaram gatilhos em sua vida porque você se treinou para responder a esses estados físicos e emocionais, estimulando a si mesmo. Com o tempo, você se levou a acreditar que a melhor maneira de lidar com essas experiências é se satisfazendo sexualmente.

Seu cérebro é altamente flexível e moldável, muitos dos gatilhos e atrações que você tem existem porque você treinou seu cérebro para ansiar por essas coisas. Cada vez que você cede a esse pecado, a intensa liberação de dopamina, testosterona e ocitocina alimenta a capacidade de criar o que são chamados de "conexões neurais" em seu cérebro. Da mesma forma que uma trilha na floresta é estabelecida caminhando pela trilha repetidamente, seu cérebro cria trilhas ou caminhos, quando você faz uma atividade repetidamente. Isso é o que cria o vício. Você pode estar tão acostumado a se masturbar depois de ver alguém atraente, mas isso é porque você condicionou seu cérebro para fazer isso. Você pode ser solicitado a ceder a esse pecado assim que chegar em casa do trabalho todos os dias porque treinou seu cérebro para pensar dessa maneira. Os gatilhos físicos e emocionais que levam você à autossatisfação, são formas adaptadas de pensar que devem ser desfeitas.

Então, como quebramos esse ciclo de ceder à autossatisfação toda vez que enfrentamos esses gatilhos? Devemos fazer isso da mesma maneira que ensinamos nós mesmos a pecar quando enfrentamos um gatilho. Devemos aprender a canalizar esses gatilhos para outra coisa que possa dar um alívio melhor e mais duradouro do que a masturbação.

Você deve separar um tempo em seus anos de solteiro para perceber e descrever os gatilhos que o estão levando ao pecado. Ao perceber isso, você é capaz de abordá-los. Eu gostaria de poder listar todos os gatilhos diferentes que poderiam estar prejudicando você, mas como o pecado é tão evasivo e afetou cada uma de nossas vidas de forma diferente, isso se transformaria em um livro muito extenso!

Depois de perceber esses gatilhos, seu objetivo a longo prazo deve ser procurar encontrar intimidade com Deus sempre que um desses gatilhos surgir em sua mente. Isso parece muito improvável, não é? Você pode estar dizendo: "Sam, mas então como eu deveria canalizar em Deus as inseguranças do meu corpo e meus sentimentos de rejeição?" Muitos homens dizem isso. E eles usaram a masturbação como um mecanismo de enfrentamento para anestesiar a dor ou a mágoa vivenciada.

Mas, em vez disso, você deve estruturar sua vida de modo que possa trocar seus profundos desejos de masturbação por um relacionamento autêntico e confiável com Deus. Assim como você fez isso com a pornografia e imagens sexualmente explícitas, você também deve aprender a direcionar a Deus essas áreas da sua vida.

Pense no que alguns desses gatilhos que te fazem ceder a masturbação, podem estar lhe dizendo.

Se você faz esse ato porque está inseguro sobre seu próprio corpo, significa que você precisa passar um tempo com o Criador do seu corpo e pedir a Ele que lhe dê uma melhor atitude para si mesmo?

Se você ceder a isso toda vez que for rejeitado, que oportunidade é encontrar completa aceitação pelo seu próprio Pai celestial!

Se você ceder à masturbação todos os dias ao ver uma mulher atraente (o que provavelmente será todos os dias pelo resto da sua vida!), isso pode significar que você precisa passar seu tempo pedindo ao Senhor para ajudá-lo a ver essas mulheres como ícones da imagem de Deus e orar por elas.

Talvez você ceda a esse pecado quando está sozinho, então como você pode encontrar relacionamento, conversa e realização com Deus através da oração ou falando com Ele?

Se você cede a isso antes de dormir todas as noites, como pode redirecionar esse tempo para desfrutar de Deus e sua companhia?

Os gatilhos desse pecado revelam muitas das feridas que temos. No entanto, podemos estar cheios de esperança enquanto pensamos em trazer Deus para essas feridas e entregar essas inseguranças a Ele.

O crescimento em resistir à tentação da pornografia e da masturbação acontece quando reconhecemos a profunda necessidade de intimidade que todos nós temos. Em vez de canalizar esse desejo de intimidade através de imagens sexualmente explícitas e no ato da autossatisfação, devemos aprender a canalizar esses desejos íntimos para o nosso Pai celestial. Nossa própria estimulação sexual—e, de fato, até mesmo a de um futuro cônjuge—nunca nos proporcionará a satisfação que desejamos tão profundamente. Devemos morrer para nós mesmos e ser homens ativos que escolhem se ajoelhar diante de Deus em vez de clicar no computador para atender às nossas necessidades. Não há nada de fácil nisso, mas é o chamado para nós como discípulos cristãos. Deus é realmente o único que pode satisfazer nossa coceira por intimidade.

Uma Pergunta
Quais são alguns dos gatilhos físicos e emocionais que levam você à masturbação?

Uma Mudança
Durante uma tentação de buscar o prazer próprio, coloque-se de joelhos diante de Deus e diga a Ele como você se sente e o que está vivenciando. Procure encontrar proximidade e intimidade com Deus, do que consigo mesmo.

Uma Oração
Senhor, obrigado por me criar como um ser sexual. Percebo que o pecado corrompeu tantas coisas boas, incluindo meu desejo por intimidade. Confesso que procurei encontrar prazer e intimidade em outros lugares e não em Ti. Espírito Santo, por favor ilumine os gatilhos que me fazem ceder a este pecado e me dê a coragem, a força e a vontade de correr em sua direção quando eu sentir um forte desejo íntimo. Obrigado por me projetar com grande complexidade e admiração. Amém.

Capítulo 10

Os Oito As

De forma alguma os homens estão limitados a lutar apenas com pecados sexuais. Através de inúmeros cafés da manhã, almoços, jantares, telefonemas, chamadas de vídeos, caminhadas e viagens de avião que fiz com outros rapazes, notei que há um número significativo de problemas com os quais os homens lutam. Os homens são complexos e o pecado espalhou seus tentáculos de maneiras criativas para paralisar os homens.

Quero passar um tempo desempacotando alguns dos problemas comuns com os quais vi jovens cristãos lutarem. Quero incentivá-lo a ler todo este capítulo, mesmo que saiba que não luta com uma dessas questões específicas. Aprender sobre o que outros homens podem enfrentar permitirá que você seja um irmão mais fiel em Cristo e pode até encorajá-lo em sua própria busca pela liberdade.

Conforme continuamos a reformular a fase de solteiro como uma oportunidade de encontrar a liberdade, vamos focar agora no que eu chamo de "Os Oito As" para trazer à tona, aproveitar e trabalhar em algumas das maiores lutas que atormentam sua vida. Em vez de oferecer uma mudança e um modelo de oração no final deste capítulo, oferecerei perguntas ponderadas para fazer a si mesmo sobre cada um desses tópicos.

Agressividade

Trabalhei como monitor de acampamento num verão durante a faculdade, e se você já trabalhou em um acampamento antes, sabe que os dias são longos, os acampantes podem ser desafiadores e, às vezes, pode até ser difícil se dar bem com sua liderança. Uma noite após o acampamento, os outros monitores e nossos líderes decidiram jogar basquete. Não demorou muito para que durante o jogo muitos rapazes começassem a mostrar raiva intensa uns com os outros e passaram a falar palavrões e dar cotoveladas. Percebemos rapidamente que esses homens não estavam zangados com o jogo de basquete que estava acontecendo; em vez disso, eles estavam revelando um pouco da raiva que tinham entre si e com o acampamento. Aprendi muito trabalhando no acampamento neste verão, mas foi nesse momento que percebi que a raiva muitas vezes revela algo em nós abaixo da superfície.

Se você tem dificuldades por sentir raiva com frequência, provavelmente precisa parar e examinar o que está acontecendo em seu coração. Você pode estar machucado com algo que aconteceu dias, semanas ou até anos atrás. Talvez você esteja frustrado com sua falta de controle ou com as expectativas que não foram atendidas.

Muitas vezes, a raiva vem à tona quando você está tentando esconder pecados secretos e guardando orgulho. Quando alguém ou algo ameaça o reino que você está construindo para si mesmo, você ataca. Ou você pode ficar com raiva porque é simplesmente assim que você foi ensinado a responder às suas circunstâncias ou porque viu seu pai reagir dessa maneira.

Agora, se você acha que eu vou dizer para você ignorar toda a raiva em sua vida e escolher ser feliz, então segure firme. Ficar com raiva não é pecado (veja Efésios 4.26). Pode se tornar um pecado quando a razão pela qual você fica com raiva gira em torno de construir você e seu reino, em vez de promover o reino de Deus e o crescimento das outras pessoas.

Os homens são conhecidos por ficarem com raiva, mas e se os homens se tornassem conhecidos por ficarem com raiva por causas justas? De fato, deve-se ficar com raiva quando testemunhar algo injusto. Homens bíblicos, como Jesus, devem mostrar frustração com coisas que não honram nosso Pai celestial, sua Palavra ou sua igreja.[1]

Se você está lutando contra sentir raiva sem motivo, tire um tempo para avaliar o que está na raiz da raiva. Assim como você normalmente só pode ver cerca de 20% de um iceberg na superfície, da mesma maneira, você provavelmente mantém cerca de 80% do seu motivo para explodir, abaixo da superfície. Observe seus gatilhos e certifique-se de processar isso com outras pessoas em sua vida.

- Existe uma ferida, luta ou frustração em particular que está constantemente sob a superfície de sua raiva que você precisa superar?
- Você fica com raiva quando seu próprio orgulho ou reputação são ameaçados?
- Você pediu ao Senhor para capacitá-lo a ficar com raiva do que Ele está com raiva?

Animosidade

Muitos de nós estamos caminhando para o nosso futuro apegados a animosidade, ou falta de perdão, do passado. Talvez alguém tenha te ofendido e você ainda esteja lutando para perdoá-los hoje. Talvez você esteja esperando que a outra pessoa se desculpe ou tenha se convencido de que não fez nada de errado.

Alguém te disse palavras dolorosas no passado que você ainda está remoendo? Alguém fez algo que te ofendeu? Estou disposto a apostar que, em algum momento, todo homem guarda a falta de perdão em seu coração.

A ilusão da falta de perdão é que você está mantendo alguém cativo por não perdoar e que você está no controle. Você guarda a ofensa sobre a outra pessoa como um taco de beisebol sobre a cabeça dela. Você acha que quanto mais tempo você demora para perdoar, mais poder você tem sobre a outra pessoa. No entanto, não é esta pessoa

---

1 Veja Mateus 21 quando Jesus esvazia o templo.

que está presa; e sim você.

Reter o perdão é, como Anne Lamott diz, como você beber veneno de rato e esperar o rato morrer. Não funciona e você continuará a se tornar miserável até escolher perdoar.

O que é importante lembrar é que perdoar outra pessoa não é necessariamente esquecer o que aconteceu no passado ou minimizar a ofensa. Em vez disso, é reconhecer que a outra pessoa errou e é pecadora, mas escolhendo olhar além do erro e continuar amando-a.

O perdão é uma via de mão única, enquanto a reconciliação é de mão dupla. Você pode perdoar sem que a outra pessoa aceite ou reconheça, sem reconstruir um relacionamento. Mas o perdão é sempre o primeiro passo na reconciliação e no conserto de qualquer relacionamento quebrado em sua vida.

Você nunca será questionado a perdoar alguém mais do que já foi perdoado por Cristo. Deve ser o transbordamento de sua gratidão pela misericórdia de Cristo, mostrada a você na cruz através de seu sangue, que impulsiona um ato de perdão em sua vida. Mesmo que perdoar alguém possa não fazer sentido para você, é o que é exigido de você como cristão (veja Efésios 4.32) e é para o seu próprio bem e para a glória de Deus.

Conforme você procura perdoar as ofensas do seu passado, faça do perdão dos outros uma parte da sua vida cotidianamente. As pessoas são imperfeitas, e as ofensas virão, então esteja pronto para perdoar os outros rapidamente. Permaneça disposto para: "Amai os vossos inimigos, abençoai os que vos amaldiçoam, fazei o bem aos que vos odeiam, e orai pelos que vos tratam com maldade, e vos perseguem" (Mt 5.44 - BKJ). É difícil, mas você será uma pessoa melhor por causa disso.

- Há alguém que você está evitando agora que você precise perdoar?
- Como a falta de perdão causou amargura em sua própria vida?

- Quem você precisa perdoar neste momento, mas pode tentar se reconciliar mais tarde?

Ansiedade

Se você luta contra a ansiedade, saiba que tenho profunda compaixão por você e espero que isso seja algo pelo qual você seja capaz de trabalhar e encontrar liberdade genuína. Quero incentivá-lo a usar sua fase de solteiro como um momento para descobrir as raízes de sua ansiedade e integrar novos hábitos para ajudá-lo a se curar nesta área.

Especialista em Saúde Mental Dra. John Delony diz que a ansiedade é como um alarme dizendo que há um incêndio em algum lugar do prédio.[2] A ansiedade é tipicamente um sintoma de um problema mais profundo, potencialmente oculto, em sua vida. Então, sobre o que a ansiedade pode estar tentando avisá-lo? Coisas como estresse, solidão e dinâmica familiar podem contribuir para a ansiedade.

À medida que você percebe a ansiedade em sua vida, é importante processar e curar intencionalmente. Os homens são mais propensos do que as mulheres a "se automedicar" quando se trata de ansiedade. Não tente se livrar de seus sentimentos de ansiedade bebendo, jogando, malhando com mais frequência, comendo demais ou não comendo. Em vez disso, certifique-se de passar a maior parte do seu tempo em uma comunidade cristã autêntica e saudável e não tenha medo de compartilhar alguns dos desafios que está enfrentando com outra pessoa, especialmente um pastor ou mentor de confiança.

Você pode estar ansioso agora, mas talvez essa ansiedade esteja tentando lhe dizer algo sobre como você está vivendo sua vida e o que precisa mudar. Eu encorajo você: não se acomode e não torne a ansiedade sua identidade. Seja intencional, procure ajuda e busque encontrar a liberdade nesta área.

---

2   Delony, John. 2020. Redefining Anxiety: What It Is, What It Isn't, and How to Get Your Life Back. Ramsey Press.

- A ansiedade se tornou tão frequente na minha vida que me acostumei com ela e ignorei as oportunidades de encontrar liberdade dela?
- Quais desafios ou estressores na minha vida podem estar contribuindo para que eu me sinta ansioso?
- O que estou fazendo para buscar ativamente a melhoria nesta área para que eu não encontre minha identidade na ansiedade?

Álcool

Se você é um rapaz solteiro em seus vinte e poucos anos, não tenho certeza de que outro passatempo é mais popular do que ir a cervejarias pela cidade. Parece que cervejas artesanais locais, e talvez até um pouco de vinho também, são um pré-requisito para um bom evento social nos dias de hoje.

Deus está preocupado com o coração e o motivo por trás do porque você bebe. Se sua intenção de beber é apreciá-lo em quantidades modestas, então seu motivo pode estar onde deveria. Mas se você está bebendo para se sentir aprovado pelos outros ou, pior ainda, para ficar bêbado, você precisa examinar seu coração.

A Bíblia permite o consumo de álcool e, ao mesmo tempo, adverte sobre seus perigos. O consumo de álcool pode ser divertido e uma ótima maneira de conhecer novas pessoas. Também pode manipular as pessoas e alimentar o fogo do pecado.

Se você já lutou contra o abuso de álcool no passado ou se sua família tem um histórico de alcoolismo, você precisa ser extremamente cuidadoso. Na verdade, se o álcool frequentemente te faz pecar, você deve considerar se ele deveria ter um lugar em sua vida.

Para mim, eliminar o álcool foi o custo de seguir a Cristo. Eu não gostava de quem eu era quando consumia álcool e o usava para entorpecer meu senso de convicção quando queria fazer algo pecaminoso. Por causa disso, há alguns anos, decidi fazer um jejum de álcool por um ano. Este jejum de um ano se transformou em três anos e provou ser uma prática poderosa na minha vida.

Lembre-se de que Deus está permitindo que você esteja solteiro agora para fazer algo dentro e através de você. Correr atrás do apetite pelo álcool provavelmente não é o motivo pelo qual Deus colocou você nesta fase de solteiro.

- Meu divertimento com o álcool está continuamente me impedindo de investir meu tempo nos outros?
- Quando enfrento desafios ou situações estressantes, me pego recorrendo ao álcool para me ajudar?
- O dinheiro que eu gasto em álcool poderia ser redirecionado a algo de maior valor eterno para o reino de Deus?

Abuso

Ao longo dos últimos anos discipulando homens e ouvindo as diferentes histórias e pontos problemáticos, notei que, de fato, há muitos homens que foram abusados sexualmente, fisicamente, emocionalmente ou verbalmente em seu passado.

Quando se trata de abuso sexual, um em cada seis homens é abusado nos Estados Unidos antes de completar dezoito anos. O pior é que 90% desses homens foram abusados por alguém que eles conhecem ou em quem sua família confia. A maioria dos homens que são abusados não admite terem sido abusados sexualmente até mais tarde na vida. Os homens muitas vezes adiam o compartilhamento sobre seu abuso porque sentem vergonha ou medo do que os outros podem pensar. Muitas vezes, os homens não compartilham seu abuso porque pensam que o que aconteceu não foi um abuso de verdade.[3]

---

3 Finkelhor, D., Hotaling, G., Lewis, I. A., & Smith, C. (1990). Sexual abuse in a national survey of adult men and women: Prevalence, characteristics and risk factors. [Abuso Sexual em uma pesquisa nacional com homens e mulheres adultos: prevalencia, caracteristicas e fatores de risco]. Child Abuse & Neglect 14, 19-28. doi:10.1016/0145-2134(90)90077-7. Disponível em: https://pubmed.ncbi.nlm.nih.gov/2310970/

Talvez você tenha sido abusado no seu passado, mas ainda não admitiu porque não consegue acreditar que isso aconteceu com você e sente vergonha disso. Ou talvez você precise avaliar e cavar fundo e determinar se o abuso que aconteceu com você foi de fato abuso. As chances são de que, se você está pensando em um evento na sua vida que aconteceu e ficou em silêncio por anos, pode ser um abuso que você precisa processar.

Não abordar o abuso emocional, sexual e físico em sua vida pode ser perigoso por muitas razões. Homens que enfrentam abuso são propensos a dificuldades consecutivas a longo prazo. Se você optar por esconder esse abuso, no final, está causando estragos em si mesmo.

Além disso, para muitos, o abuso sofrido em seu passado é a causa raiz das lutas atuais. Isso pode ser difícil de ouvir. Por exemplo, homens que foram abusados por outros homens muitas vezes lidam com a percepção de vergonha, rejeição e medo em relação aos outros homens em suas vidas. O abuso também tem o poder de distorcer suas próprias atrações e canalizá-las para o lugar errado. O abuso que é deixado intocado e minimizado muitas vezes leva à depressão, abuso de substâncias, transtornos alimentares, pensamentos suicidas, pior desempenho acadêmico e aumento da promiscuidade.

Não importa quem você é e com o que você luta, peça ao Senhor para revelar a você se você foi abusado fisicamente, emocionalmente ou sexualmente em sua vida. Então, encontre um amigo, pastor ou mentor de confiança para processar esse problema para que você possa começar a encontrar a cura. Vale a pena o tempo, a energia e o dinheiro que você dedica a isso e estou confiante de que você será uma pessoa melhor ao permitir que essa ferida se cure com o tempo.

- A vergonha ou o constrangimento o impediram de admitir uma experiência de abuso para outra pessoa?
- Você se esforçou para perdoar o homem ou a mulher que abusou de você no seu passado?

• Como o abuso em seu passado mudou a maneira que você está vivendo hoje e como você se vê?

Atrações

Muitos homens permanecem solteiros porque não se sentem atraídos por mulheres. Se você luta para se sentir atraído por homens, deixe-me dizer: sinto muito. Você não pediu por essas atrações, e não importa o quanto você queira gostar de uma mulher relacionalmente, sexualmente ou emocionalmente, os desejos que você quer nunca parecem vir. Os lugares e pessoas que deveriam ser mais acolhedores para você provavelmente trouxeram vergonha e forçaram você ao isolamento, levando você a tentar resolver esse problema por conta própria.

Você não está sozinho. Muitos homens têm desejos conflituosos, assim como você, e há muita liberdade e cura a serem descobertas. Eu encorajo você a ser honesto sobre essa luta com um irmão em Cristo que não compartilha dessa luta e com um pastor ou mentor mais velho. Deus não desperdiça nada e Ele usará seu passado e suas dores nesta área para o seu bem.

O objetivo final dos homens que lutam com a atração do mesmo sexo não deve ser que eles se tornem "heterossexuais", mas sim buscar a santidade. Deus pode ou não permitir que você se sinta atraído pelo sexo oposto, mas a luta deles deve ser por um estilo de vida sagrado. Afinal, a santidade deve ser o objetivo para aqueles que lutam ou não com isso. Todos deveriam buscar estar mais conformados à imagem de Cristo, o Filho, diariamente.

Se você não luta com a atração pelo mesmo sexo, é provável que você conheça alguém que luta ou você lutará em breve. Eu tive a oportunidade de discipular muitos homens que lutam com isso e realmente tem sido gratificante. Ser um irmão presente, disponível e amoroso em Cristo é a melhor coisa que você pode fazer para ajudar alguém a se curar disso. Oferecer amor consistente, encorajamento, esperança, graça e verdade é o que todos precisam, não importa com o que eles lutem, esses homens não são exceção. Você pode se surpreender com o quão semelhante é a luta pela pureza entre você e os homens que lidam com a atração pelo mesmo sexo.

- Tornei a heterossexualidade o objetivo, em vez da santidade?
- Estou permitindo que a experiência de atração entre pessoas do mesmo sexo me desqualifique de desfrutar da comunidade com outros homens ou me desqualifique do casamento?
- Como posso amar e apoiar outros homens que lutam com a atração do mesmo sexo?

Adicção

Por anos, eu não achei que a palavra vício se aplicava à minha vida. Eu sempre pensei que as pessoas com vícios eram as que estavam no centro de saúde mental ou na prisão em algum lugar. Mal sabia eu que estava realmente sendo mantido prisioneiro por vícios na minha própria vida.

Nossos cérebros e corpos se tornam dependentes das coisas que fazemos consistentemente ao longo do tempo. Há muitas coisas em nossas vidas que não são necessariamente coisas ruins; o excesso de uma coisa boa pode facilmente se tornar uma coisa ruim. Há chances de que você possa ser viciado, ao longo da vida, em algo que seja bom, mas essa coisa pode estar mantendo você cativo e segurando as chaves de sua identidade mais do que deveria estar. Verificar seu e-mail pode ser uma coisa boa, mas verificá-lo com muita frequência e deixar que suas mensagens (ou a falta delas) afetem seu humor ou valor pode ser um problema. Talvez você dependa de cafeína, tabaco ou atenção dos outros.

Deus não se importa que façamos coisas divertidas uma vez ou outra, Ele só não quer que as coisas que gostamos nos possuam. Você precisa se perguntar se as coisas que você come, assiste, lê ou bebe estão entre você e seu relacionamento com o Senhor. Deus é um Deus ciumento e Ele anseia profundamente por passar um tempo íntimo com você diariamente. Ele permitiu que você estivesse solteiro agora para que você possa se preocupar com o coração dele.

Por uma temporada da minha vida, eu costumava jejuar por algo diferente a cada mês. Eu fiz isso para garantir que não estava me tornando dependente ou encontrando meu valor em algo mundano. Eu fiz jejuns de café, de chiclete, das mídias sociais e até mesmo de viagens, para ter certeza de que estou focado e fechado com o Deus que me criou e não em um deus que foi criado na minha vida.

Para alguns de vocês, está claro exatamente qual vício está te mantendo refém, mas para outros de vocês, é necessário passar um tempo pensando em qual hábito, substância ou até mesmo relacionamento você se tornou viciado.

- Posso passar uma semana sem _____?
- Estou tentando manter _____ em segredo?
- Se eu não fizesse _____, ainda estaria confiante em quem eu sou?

Aparência

Se eu pudesse ser honesto com você por um segundo, a luta da aparência e da imagem corporal foi a maior ferida da minha vida. Grande parte dos meus anos de solteiro é responsável por eu malhar para alcançar um tipo de corpo ideal ou buscar as roupas certas para ser aceito por outras pessoas. Por anos, fiquei paralisado com a forma como os outros veem meu corpo. Mas pela graça de Deus, muitos dos meus anos de solteiro também foram preenchidos com o Senhor me ajudando a encontrar a liberdade nesta área.

Esta questão é frequentemente rotulada como uma questão feminina e falada em contextos femininos, mas pela minha própria experiência, bem como por muitos outros testemunhos de homens, sei que os homens também lutam profundamente com a imagem corporal. Sinto muito se isso tem sido uma luta na sua vida.

O que é interessante sobre essa luta é que ela nos leva a fazer coisas malucas, em busca de aprovação de outras pessoas, mas, na verdade, só precisamos da aprovação de nós mesmos. O ódio que você tem pelo seu corpo faz com que você viva em uma prisão de seus próprios pensamentos e das opiniões alheias. Idolatrar, abusar, punir ou negligenciar seu corpo físico é uma forma de pecado, pois não honra o templo dado por Deus que são os nossos corpos.

Me lembro de pessoas dizendo palavras dolorosas para mim sobre meu físico quando eu era mais jovem. Talvez você também lembre. Possivelmente você encontra se olhando para o espelho com frequência e ficando desapontado ou frustrado com o que vê. Você se priva de refeições porque acha que tem muita gordura corporal? Você constantemente olha para outros homens se comparando com eles? Você se exercita mais do que deveria, porque se você tivesse um pouco mais de músculo, só assim você ficaria feliz com seu corpo?

O modo como você encontra a liberdade nesta área da sua vida será único, de forma que nenhuma outra pessoa encontrará. É como começar a perdoar as pessoas que disseram coisas dolorosas sobre o seu corpo quando você era mais jovem. Ou talvez encontrar versículos que dizem a verdade sobre o seu corpo e orar (por exemplo, 1 Samuel 16.7 ou Filipenses 3.20–21). Pode ser se abrir para um irmão em Cristo e ser brutalmente honesto sobre sua abordagem com seu próprio corpo.

Em uma fase da minha vida, passei um ano inteiro orando todas as manhãs e noites pelo meu corpo. Enquanto estava de joelhos orando, eu colocava minhas mãos no meu corpo e pedia a Deus que me ajudasse a ver meu corpo como Ele o vê e que eu parasse de idolatrar e abusar do meu corpo. Eu vi imensas quantidades de frutos na minha vida fazendo isso.

Você não pode se dar ao luxo de continuar vivendo sua vida assim. O amor-próprio ou auto-ódio em relação ao seu corpo é mortal e afetará seus círculos de influência se você não abordar isso agora. Deus lhe deu esse tempo de solteirice para arrancar algumas dessas mentalidades perigosamente tóxicas que você tem em relação a si mesmo.

- Quais hábitos você pratica com a esperança de ganhar a aprovação de outras pessoas a respeito de sua aparência física?
- Como seria honrar seu corpo?
- Como esse problema pode piorar se você não tiver tempo para resolvê-lo agora?

Capítulo 11

Coração Acima dos Hábitos

Existe uma correlação direta entre o seu relacionamento com Deus e o progresso que você faz na sua vida em direção a liberdade de seus pecados. Seria ignorante e insensato para um homem cristão tentar consertar seus pecados e hábitos ruins com mais disciplina em sua vida. Embora a disciplina seja muito útil (e nós vamos falar sobre isso em breve), o seu comprometimento com seu relacionamento com Deus e este relacionamento por fim tem o poder de transformar sua vida.

Imagine um casal que está fielmente comprometido um com o outro. Quando há fidelidade de ambos os cônjuges, a ideia de trair um ao outro parece improvável e certamente nem é desejada. Quando os dois são íntimos, comprometidos e demonstram profundo afeto um pelo outro, a inclinação para o pecado diminui. Da mesma forma, à medida que seu nível de intimidade com o Senhor aumenta, sua inclinação para o pecado diminuirá. Seu relacionamento com o Senhor é a área mais importante da sua vida para se desenvolver e crescer enquanto você estiver solteiro.

Os seres humanos são projetados para serem íntimos de Deus. Antes do pecado entrar no mundo, o homem estava em perfeita comunhão com Deus. Satanás, o grande tentador, convenceu Adão e Eva de que eles não precisavam confiar em Deus e, em vez disso, poderiam confiar nos caminhos do mundo. Esta é a mesma tentação que você enfrenta todos os dias.

Muitas pessoas pensam que Satanás existe para tentá-los a fazer coisas ruins, e ele o faz. Mas na maioria das vezes, Satanás o tentará a mudar sua perspectiva sobre Deus. Satanás quer convencê-lo de que Deus não é tudo o que você precisa. Ele quer te dizer que há outras coisas neste mundo que lhe oferecerão mais satisfação do que os prazeres do próprio Deus. Satanás é mentiroso.

Todos os dias você se depara com uma escolha. As duas decisões que pairam diante de você são: você confia que o caminho de Deus é melhor ou você quer confiar em seu próprio discernimento e julgamento?

Quando você peca, o orgulho em sua vida lhe diz que seu caminho é melhor do que o caminho de Deus. Quando o orgulho cresce, o pecado toma toda a raiz e devora as pequenas intenções de fazer o bem que você tem em sua vida. Portanto, para encontrar liberdade em sua vida, você precisa entender e operar a partir da identidade que Jesus Cristo lhe concedeu. Quando você é um com Ele, as iscas da tentação podem não desaparecer, mas parecerão menos atraentes e é mais provável que você intencionalmente recorra ao Senhor para ajudá-lo em suas tentações.

Sua capacidade de derrotar e superar a tentação em sua vida é baseada mais em seu relacionamento com Deus do que no autocontrole. Reflita sobre isso. Estou disposto a apostar que por anos você tentou parar de pecar apenas atacando o pecado. Você disse a si mesmo não a inúmeras tentações, mas se entregou a mais pornografia, masturbação, sexo e luxúria do que gostaria de admitir. Essas coisas, no fundo, são sintomas de um problema maior. Esses atos revelam uma identidade mal fundamentada e uma decisão de operar fora da identidade de Deus para você. O pecado dentro da raça humana frustrou um relacionamento consistente e perfeito com o Pai. A maioria das pessoas tenta resolver o problema corrigindo os sintomas. Se tudo em que você se concentra são os sintomas sem corrigir o problema sob a superfície, você estará correndo sem sair do lugar por toda a sua vida.

Acredito que, à medida que você muda sua abordagem em relação a Deus, é mais provável que você o siga e confie nele. Somente Deus pode ajudá-lo a se libertar de alguns dos pensamentos e pecados mais sombrios que atormentam sua vida.

Eu também acredito que, conforme você cresce em seu relacionamento com Deus, você também poderá ouvir mais dele. Durante meus vinte e poucos anos, percebi que tinha alguma raiva de Deus porque eu não estava ouvindo sua voz claramente e não era capaz de entender sua vontade. Mas logo Deus me revelou que não era sua voz que era pequena, mas eram minhas próprias ações de desobediência consistente que estavam alimentando o orgulho e me deixando cego e surdo para o que Deus estava me dizendo. À medida que você retira algumas das impurezas em sua vida e começa a desfrutar de um relacionamento com Deus, sua capacidade de ouvi-lo aumentará.

Enquanto pensamos em estruturar nossas vidas de uma maneira que seja agradável e glorificante para Deus, precisamos manter algumas coisas em mente:

A Obediência Flui de um Amor por Deus

Na primeira parte deste livro, descobrimos qual é a sua identidade em Jesus. Você é um filho de Deus. Você é um templo do Espírito Santo e um instrumento para o propósito de Deus. As consequências de permanecer na verdade de Deus devem ser a obediência e a vida correta. Por outro lado, quando você decide colocar sua identidade em algo que não é de Deus, o orgulho e o pecado serão as consequências.

Seu objetivo na fase de solteiro deve ser se apaixonar tanto por Deus que desobedecer a Ele parece improvável. Quando você é íntimo de Deus, ser desobediente deve parecer traição a Ele.

Além disso, à medida que você se apaixona mais profundamente por Ele, você deve crescer em alegria para honrar e obedecer ao que Deus espera de você. Como um marido ama sua esposa e procura honrá-la através de seu serviço, palavras e ações, você e eu também devemos procurar honrar a Deus por causa do nosso amor por Ele.

A Obediência é Mais Libertadora do que Obrigatória

A liberdade não é o que a maioridade das pessoas associam como regras e seguir ordens, mas a verdade é que a lei, as regras, os mandamentos das Escrituras e as instruções do próprio Jesus não existem apenas para suprimi-lo ou minimizar o que você pode fazer. Em vez disso, elas servem para o seu bem e, na verdade, lhe dão mais liberdade a longo prazo.

Pense em um semáforo. O que você faz quando a luz está vermelha? Você para. Você obedece à lei que foi implementada porque leva ao crescimento humano em geral. Imagine se ninguém reconhecesse o sinal de parada e, em vez disso, decidisse prosseguir quando estivesse vermelho. Rapidamente haveria o caos, isso seria perigoso para você e para todos os outros. Você não teria as liberdades na vida às quais está acostumado se estivesse constantemente em acidentes de carro no semáforo.

O que você pode aprender para sua própria vida é que a vontade de Deus, expressada em seus mandamentos, promove a liberdade, não a opressão. Deus, que sabe o que é melhor para você, estabeleceu regras e diretrizes para você viver uma vida livre, uma vida de bênção e com o seu bem em mente. E adivinhe? Há graça disponível para você toda vez que você erra o alvo.

A Obediência Afeta Mais Do Que Você Mesmo

Na faculdade, decidi tentar um novo esporte, então entrei para a equipe de remo. No remo, cada companheiro de equipe no barco deve fazer seu trabalho em sincronia com os outros membros da equipe para que o barco possa ser impulsionado para frente o mais rápido possível. Se você perder o ritmo e colocar seu remo na água muito cedo ou muito tarde, fará com que o barco diminua a velocidade ou mude de direção. As ações de cada pessoa no barco afetam todos os outros.

Sua obediência e desobediência sempre afetam outra pessoa. Quer você perceba ou não, sempre que você escolhe ser desobediente, você sempre afeta mais pessoas do que apenas você mesmo. A obediência pode causar grandes danos. A luxúria transforma as filhas de Deus em objetos sexuais e distorce a maneira como você vê, interage e aprende com as mulheres. A masturbação embaça a mente e dissolve sua motivação para servir aos outros, com todo o coração. Assistir pornografia estabelece padrões irrealistas para sua futura esposa e leva você à decepções com seu cônjuge no futuro. O pecado sempre afeta outra pessoa, mesmo que você não perceba imediatamente.

Pense desta maneira: seu pecado nunca abençoou ninguém. E mesmo que haja um pecado que você acha que está apenas no escuro e mantido em segredo, ele tem e terá um efeito sobre os outros. Deus está sempre observando e nos lembra que Ele "trará a julgamento tudo o que foi feito, até mesmo tudo o que está escondido, seja bom, seja mau" (Ecl 12.14 - NVI).

Para mim, descobri que os momentos do dia que escolhi ver pornografia eram no início da manhã ou tarde da noite, ambos os momentos que eu deveria ter passado com o Senhor (veja o Salmo 1). Eu só penso em como meu relacionamento com o Senhor poderia ser mais profundo agora, se eu não tivesse passado as centenas de horas que passei vendo pornografia e coisas mundanas, mas sim no meu relacionamento com Deus. Quando vivi a vida em pecado perpétuo, notei como meus relacionamentos com os outros—homens e mulheres—se tornaram danificados. Eu era grosseiro com as pessoas, tinha menos alegria para oferecer aos amigos e não estava pensando em como servir ou encorajar as pessoas mais próximas de mim. O pecado penetra profundamente. Ninguém nunca foi abençoado por sua desobediência e todos em sua vida precisam que você seja obediente.

Ser obediente aos mandamentos que Deus estabeleceu em sua Palavra pode ser pra você frustrante, confuso, difícil ou simplesmente irritante. Mas lembre-se de que, como filho de Deus, você é chamado a se comportar de uma maneira que reflita seu Pai celestial. Deus, através de seu Espírito, está sempre disponível, não importa onde você esteja ou a hora do dia, para te ajudar e dar o poder de mudar.

Uma Pergunta
Você acredita que os mandamentos de Deus existem para o seu próprio bem?

Uma Mudança
Leia 1 João 5.2-3 e medite nessa passagem.

Uma Oração
Senhor, obrigado pela vida que você me deu. Deus, você sabe que estou em uma jornada para encontrar a liberdade de alguns dos meus pecados mais sombrios e recorrentes. Deus, como eu entendo que meu pecado te desonra, você me ajudaria a me aproximar de você a cada dia para que as tentações do pecado se tornem menos atraentes? Deus me ajude a priorizar você sobre quaisquer hábitos ou disciplinas que eu estabeleça. Obrigado por me ajudar com o pecado na minha vida. Amém.

Capítulo 12

Como os hábitos ajudam

No fim das contas, você pode tentar instalar um milhão de hábitos em sua vida para evitar que seja sexualmente impuro ou ceda ao pecado, mas se você não tiver amor por Deus e um relacionamento que floresça com Ele, você lutará para encontrar a liberdade em sua vida.

Ao mesmo tempo, ao caminhar com Deus, os hábitos certos serão extremamente úteis em sua jornada em direção à liberdade. Vivendo em um mundo com tentação em cada esquina, honrar a obediência à Palavra de Deus raramente faz sentido para nós. As pressões da cultura moderna e as ações de nossos amigos tentarão nos dizer que abrir mão da obediência é bom e que pode ser benéfico para nós. Ao instalar bons hábitos e disciplinas em sua vida, você pode superar as tentações do momento e superar os desejos profundos que enfrenta.

Devemos definir esses hábitos com a consciência de que você não vai querer fazê-los quando chegar a hora. Veja, é fácil falar sobre bons hábitos e disciplinas que você deve colocar em sua vida, mas esses hábitos só são úteis se forem colocados em ação. Hábitos não são apenas sobre fazer as coisas certas, mas também fazer as coisas certas nos momentos certos.

Além disso, devemos ter em mente que a liberdade pode ser encontrada através de uma combinação de pequenos hábitos. Craig

Groechel diz: "Às vezes, os menores atos de obediência e confiança levam aos maiores resultados, às maiores bênçãos e aos maiores milagres".[1] Seus atos de obediência têm o potencial de ter benefícios residuais para o resto da vida. A melhor abordagem que você pode ter é ser obediente nas pequenas decisões que você tem bem a sua frente; isso é tudo o que você é chamado a fazer agora. É através dessas pequenas mudanças em seus anos de solteiro que você encontrará a liberdade que deseja.

Eu sei que você quer se libertar das lutas que estão te segurando, então eu o encorajo a aprender com aquele que viveu sem pecado algum na terra. Estude a vida de Jesus, passe um tempo sozinho com Ele e ore frequentemente, comece a implementar os hábitos que Jesus implementou na vida dele. Leia o que Ele já lhe disse através de sua Palavra e medite em sua verdade diariamente. Seu desejo de pecar diminuirá quando sua intimidade com Ele aumentar.

Os hábitos em que encorajo você a se concentrar e construir são aqueles que podem ser implementados e colocados em ação quando você enfrenta suas maiores tentações. Assim como me aproximo de Deus, ainda experimento um número esmagador de tentações todos os dias. Na verdade, à medida que me aproximei do Senhor e vivi no propósito para o reino cada vez mais, minhas tentações pioraram muito. Sou constantemente confrontado com novas oportunidades e espaços para me entregar aos meus próprios desejos da carne. Não posso agir surpreso ou mesmo frustrado quando enfrento essas tentações. Ter tentações fará parte da minha vida enquanto eu estiver deste lado do céu, por isso é fundamental que eu estabeleça maneiras pelas quais eu possa me virar, correr e fugir dessas tentações.

Eu tenho que reavaliar constantemente as tentações na minha vida. Essas tentações me lembram que desejo algo valioso, relacional e gratificante. A verdade é que eu posso realizar esses desejos através do

---

1 Groeschel, Craig. "Can You Trust God?" [Você Pode Confiar em Deus?] Sermão na igreja Life.Church, em Edmond, OK, 25 de Outubro de 2020.

tempo com Deus.

Preste atenção às tentações em sua vida. Satanás não pode criar nada; portanto, ele muitas vezes usa as mesmas táticas para fazer você cair em pecado e desconfiar de Deus.

Agora, quando tenho vontade de assistir pornografia, canalizo esses desejos em tempo de oração. Quando tenho esses desejos, muitas vezes vou passear, chamar um amigo, malhar ou fazer outra coisa para tirar minha mente da tentação que sinto.

Quando se trata de tecnologia, por anos eu não dormi com meu telefone no meu quarto porque não queria que a tentação de assistir pornografia ficasse a apenas alguns metros de distância de mim. (Além disso, quando seu despertador toca no seu telefone em outro cômodo, ele força você a sair da cama para desligá-lo!) Ter um software de filtragem como o Covenant Eyes em todos os meus dispositivos tem sido extremamente útil para mim. Toda vez que procuro algo em qualquer um dos meus dispositivos, tenho alguém olhando por cima do meu ombro. Não tenho acesso à App Store em nenhum dos meus dispositivos. Devo pedir ao meu amigo de oração e transparência.

Há alguns anos, percebi que estava mais tentado a assistir pornografia depois de chegar em casa da igreja, de um evento ou de uma viagem. Então agora, toda vez que volto para minha casa vazia, me ajoelho e oro, pedindo ao Senhor que me poupe das tentações e me dê sua força para escolher a luz em vez da escuridão.

Quando enfrento a tentação da luxúria, mudo meus olhos para o meu propósito e o trabalho que Deus colocou diante de mim. Se você sabe que costuma praticar a luxúria na academia ou em outro lugar, envie uma mensagem de texto para um irmão para orar por você ao entrar nesses locais. Às vezes, quando estou muito cansado e sei que sou mais propenso à luxúria, evito ir à academia ou a lugares onde sei que provavelmente cederei a pensamentos lascivos.

Houve épocas na minha vida em que meu parceiro de prestação de contas e eu enviávamos um emoji de confirmação um para o outro todas as noites se passássemos o dia sem ceder à pornografia ou masturbação. Sinceramente, não passamos nem um dia sem pecar, e o amor de Deus não depende de obter uma marca de verificação verde, mas esse sistema ajudou a nós dois nas fases de vida em que estávamos.

Com a mentalidade certa, nossas tentações nos aproximam de Deus e nos lembram da nossa total dependência dele como protetor e provedor. Deus sempre pegará o que Satanás pretende para o mal, e Ele o usará para o seu próprio bem. As tentações que você enfrenta todos os dias têm o poder inacreditável de aproximá-lo do seu Pai celestial.

Não fique bravo consigo mesmo quando enfrentar tentações. Todos enfrentam tentações—até mesmo Jesus. Você verá pessoas atraentes e ficará sozinho no seu computador à noite. Mas em vez de se entregar, troque esses desejos por um tempo doce e rico com Deus.

Quando eu falho, tenho que me lembrar de que Deus é infinitamente gentil e que Ele quer continuar um relacionamento comigo, apesar das minhas falhas. Confesso e me arrependo a Deus imediatamente depois de pecar, mesmo que seja difícil, porque sei que é nesses momentos que Ele quer me mostrar seu perfeito amor e força. Sinto-me humilde por ter Deus usado alguns dos meus piores erros e os transformado em algumas das minhas maiores lições. Nada é desperdiçado no mundo de Deus, e Ele usará seu passado para construir um homem mais forte em seu futuro.

Até este ponto do livro, trabalhamos no que significa e como é para você descobrir sua identidade. À medida que você descobriu isso e começou a viver dentro dessas verdades, passamos para um dos maiores usos da sua fase de solteiro, que é encontrar a liberdade. Espero que as áreas de sua vida que foram mantidas no escuro tenham sido iluminadas e que você se sinta inspirado e capacitado para superar alguns de seus pecados e lutas mais profundas. Ao fazer isso, você abre o caminho para a parte divertida da vida de solteiro. Depois de descobrir sua identidade e encontrar a liberdade, agora você está pronto para ir com tudo em algumas das maiores oportunidades que a vida de solteiro lhe oferece. Eu quero te dar dez oportunidades que eu acho que você pode (e deve) aproveitar como um homem solteiro.

Uma Pergunta
Como você tem delimitado a tecnologia para evitar que você ceda ao pecado online e que tipo de responsabilidade você tem?

Uma Mudança
Considere os momentos em que você fica mais tentado. Encontre um novo hábito para começar durante esses momentos que o ajudará a cultivar um relacionamento mais profundo com Deus.

Uma Oração
Deus, obrigado por me amar tanto me escolhendo como filho. Senhor, me ajude a reconhecer os tempos, lugares e eventos que me fazem ser tentado. Você pode me ensinar a trocar essas tentações por momentos para honrá-lo? Continue a me mostrar como meu pecado afeta os outros e a mim mesmo e me capacite a construir hábitos e limites sábios e eficazes em minha vida para cultivar uma vida correta. Eu te amo, Senhor. Amém.

PARTE TRÊS
Perceba as Oportunidades

Capítulo 13

Estabeleça o hábito de servir

A fase de solteiro é, sem dúvida, uma benção e uma época da vida a qual Deus chamou muitos homens. Ao considerarmos as centenas de oportunidades que a fase de solteiro oferece, quero lhe contar sobre uma, se não a maior, oportunidade que a solteiridade lhe oferece agora. Essa oportunidade é muitas vezes negligenciada por outros rapazes, mas acho que isso é algo que realmente o abençoará em sua vida.

Deus projetou o casamento de tal forma que, no fim, é um sacrifício. Ambos os parceiros entram em uma aliança juntos para promover e defender o bem-estar um do outro, sacrificando a prioridade dos seus próprios desejos. Como você possivelmente é chamado para uma vida de casamento um dia, é importante pensar sobre as demandas do casamento e como você pode se preparar para isso enquanto estiver solteiro.

Buscar o bem do outro requer morrer para si mesmo. Muitas vezes, impõe entregar os seus próprios desejos e preferências para permitir que a outra pessoa floresça, mesmo que seja difícil para você. Você poderia perguntar a quase qualquer casal e eles diriam rapidamente que nem sempre podem ter sua vontade realizada. Em vez disso, grande parte do relacionamento deles é descobrir como podem se sacrificar um ao outro.

Todos, não apenas aqueles que são casados, devem estar constantemente em uma postura de servir aos outros sacrificando seu próprio tempo, energia, dinheiro e recursos. Quando você é casado, você está permanentemente ligado à oportunidade de sacrifício e a cada dia você tem a oportunidade (ou enfrenta a obrigação) de se entregar. Homens que são solteiros não se deparam com essa obrigação diária, podendo facilmente se concentrar em si mesmo. É crucial que os solteiros busquem ativamente encontrar maneiras de se entregar sacrificialmente através do serviço aos outros.

Durante meu primeiro semestre no seminário, tive um período internamente em que me senti extremamente descontente, ingrato e ansioso. Eu estava me deixando louco, me estressando com as roupas que estava vestindo, morrendo de preocupação com os pensamentos de outras pessoas sobre mim e tendo problemas para me concentrar na aula porque estava cheio de pensamentos a meu respeito. Parecia que quanto mais eu pensava em mim, pior eu estava, a cada pensamento e a todo momento, eu estava me tornando cada vez mais miserável.

Eu fiquei tão frustrado por estar obcecado comigo mesmo que decidi que precisava mudar o foco de mim mesmo para outra pessoa. Depois da aula, fui ao McDonald's e comprei quinze hambúrgueres. Decidi que ia entregar para algumas pessoas em situação de rua no centro da cidade. Eu estava em uma necessidade desesperada de mudar minha atenção de mim para os outros e essa foi a única coisa que eu consegui pensar em fazer. Estacionei meu carro perto de onde havia visto algumas pessoas em situação de rua, abracei um grande saco marrom de hambúrgueres do McDonald's em meus braços e comecei a andar pela cidade.

Não demorou muito para eu encontrar muitos homens e mulheres para dar os hambúrgueres. Quando eu dei um hambúrguer, outros rapidamente se reuniram em minha direção e ficou claro que eu precisaria de mais hambúrgueres. Quando entreguei os hambúrgueres a esses homens e mulheres em situação de rua, foi como se eu tivesse dado a eles um milhão de dólares; eles estavam tão gratos e foi incrível ver sorrisos enchendo seus rostos. Felizmente, tive ótimas conversas com Vanessa, Lisa e um homem que se chamava "Duck". Eu tive a oportunidade de orar com vários desses homens e mulheres e compartilhei minha própria fé com eles também.

Há uma equação misteriosa quando se trata de servir. Servir parece ser algo que esgotará você, sua conta bancária e seu tempo, mas no plano de Deus, servir sempre o deixará mais elevado do que quando você começou. Você pode estar mais cansado, com mais fome e ter menos dinheiro do que antes de começar, mas você se sentirá mais realizado e satisfeito, poderá ir dormir naquela noite sabendo que Deus o usou para agregar valor a alguém.

Sua vida está projetada para o servir, mas é você que deve dar o primeiro passo. Você deve ditar quando servir e como fazer, por isso é crucial que os solteiros criem, planejem e executem intencionalmente os meios pelos quais possam servir.

Uma das melhores oportunidades que você tem agora em seus anos de solteiro é estabelecer o hábito de servir. O serviço será uma necessidade para o resto da sua vida e você está em um lugar único agora para começar a estabelecer esse hábito crucial para que ele possa durar uma vida inteira. Assim como alguém faz uma viagem missionária para servir por uma semana ou um mês, você tem uma oportunidade incrível agora de transformar seus anos de solteiro em uma viagem missionária que está em constante desdobramento.

Se acontecer de você se casar um dia, estará servindo sua esposa e família o tempo todo, mas também vai querer encontrar maneiras de servir sua comunidade. Se é difícil para você estabelecer o hábito de servir em seus anos de solteiro, então pense em como será desafiador começar a servir aos outros quando você estiver muito mais ocupado no futuro.

Quando penso em servir durante meus anos de solteiro, adoro ser criativo. Afinal, eu não tenho uma esposa com quem preciso coordenar meus planos e há muitas coisas que posso fazer que ninguém realmente precisa saber. Uma vez que você começa a ser criativo em como pode servir aos outros, você não será capaz de parar e estará pensando em todas as maneiras de se sacrificar pelo crescimento dos outros.

Neste momento, gosto de pensar em servir em três esferas diferentes: tempo, talentos e recursos. Listei algumas ideias em que você pode começar a servir em cada uma dessas áreas agora:

Tempo
- Envie uma mensagem com um versículo bíblico ou encorajamento para um amigo;
- Ore por seus amigos e peça os pedidos de oração deles;
- Ajude seus colegas de quarto nas tarefas domésticas;
- Ouça uma conversa com atenção;
- Faça elogios a alguém;
- Recolha o lixo do seu bairro.

Talentos
- Se envolva em uma equipe da sua igreja;
- Se torne um mentor para um aluno do ensino médio ou fundamental;
- Encontre uma organização local para dedicar o seu tempo;
- Forneça um serviço gratuito para alguém como cortar a grama ou lavar um carro.

Recursos
- Doe utensílios domésticos para um centro de doações local;
- Surpreenda um colega de trabalho com um café;
- Convide alguém para jantar;
- Patrocine uma criança no exterior;[1]
- Compre e envie um livro a alguém;

---

[1] Eu recomendo doar através da Compassion International. Disponível em: www.compassion.com.

- Envie um vale-presente digital para alguém.

Espero que você esteja começando a ver como o serviço pode ser criativo e quanta liberdade você tem para personalizar e adaptar a maneira como você serve aos outros.

Uma coisa que você deve ter em mente é que você deve ter como objetivo servir aos outros por meio de seus próprios dons. Você sabe que tem dons espirituais específicos e habilidades naturais que são unicamente suas e à medida que procura servir aos outros, é melhor operar a partir desses pontos fortes. Conforme você procura novas oportunidades para servir com frequência, você será capaz de realmente servir alguém melhor quando estiver operando a partir dos pontos fortes que você tem. Se você evitar usar seus dons como forma de servir aos outros, você rouba tanto as pessoas que está servindo quanto o corpo de Cristo. O mundo precisa que você seja você e use os pontos fortes que Deus colocou dentro de você. [2]

É engraçado para mim quantas vezes oramos para que Deus nos torne mais contentes, satisfeitos e alegres com nossas vidas quando Ele já nos deu as ferramentas para fazer isso. Ativar os pontos fortes que temos dentro de nós para o bem de outra pessoa é uma das maneiras mais rápidas de encontrar satisfação e contentamento.

Quando você se coloca perto de outras pessoas que estão trabalhando e servindo com dons semelhantes aos que você tem, você nunca sabe que tipos de conexões você pode fazer com as pessoas ao longo do caminho. As pessoas que você serve podem lhe oferecer um emprego ou conectá-lo a alguém útil no futuro. Uma vez eu decidi conversar e encorajar uma senhora que estava ao meu lado no avião e ela inesperadamente acabou me dando 250 dólares para me ajudar na minha viagem missionária! Você nunca sabe como o serviço pode abençoá-lo de volta. Claro, este nunca deve ser o motivo por trás do serviço e, em vez disso, devemos procurar servir por amor a Deus e ao povo.

---

2 Confira Efésios 12:17-20.

À medida que você procura encontrar novas maneiras de servir aos outros, traga alguns amigos e viajem juntos nesta emocionante aventura. Algumas de suas maiores experiências de vida estão do outro lado de sua obediência para servir aos outros. Muitos subestimam o poder do que servir pode fazer. Isso pode mudar vidas, moldar culturas, nos dar satisfação e impactar a trajetória do seu futuro. Estou curioso para saber quanto tempo levará até você começar a ver o poder que vem através do serviço!

Como esses mais de dez capítulos estão cheios de etapas práticas e mudanças para você fazer agora, você não encontrará "Uma mudança" específica no final de cada capítulo. Em vez disso, vou fornecer algumas perguntas e uma oração enquanto você considera como colocar cada oportunidade em ação.

Uma Pergunta
Quem, em minha vida, Deus já colocou à minha frente para eu servir?

Uma Oração
Senhor, obrigado por me dar um corpo que é capaz de servir aos outros. Por favor, ajude-me a colocar em primeiro lugar ajudar, servir e amar os outros durante minha fase de solteiro. Mostre-me os lugares que você está me chamando para servir e me ajude a cultivar um coração cheio de alegria e servo em mim. Amém.

Capítulo 14

Cultive a permanência em Cristo

"Tem alguém assistindo?" Esta é a frase que vemos em nossas telas de TV quando estamos maratonando uma série e a Netflix acha que caímos no sono. Boba é a Netflix.

Agora, certamente não há nada de errado em assistir Netflix, mas acho interessante que uma das maiores reclamações que ouço dos homens é que eles não estão crescendo em seu relacionamento com o Senhor e que sentem que estão correndo sem sair do lugar em seu crescimento espiritual. E, ao mesmo tempo, vejo muitos desses rapazes que têm esse desejo de ir mais fundo em sua fé gastarem muito tempo em atividades infrutíferas.

Muitas pessoas querem ver o fruto de uma vida cristã disciplinada sem ter que se esforçar. Mas para viver uma vida como cristão que cresce em Deus, cuja santificação está em constante crescimento, devemos integrar hábitos e disciplinas na vida que podem ajudá-lo a chegar lá.

Primeiro Timóteo nos diz: "Exercite-se na piedade...[porque] a piedade, para tudo é proveitosa, porque tem promessa tanto para a vida presente quanto para a futura" (1Tm 4.7-8 - NVI). Nós, como cristãos, somos chamados a nos treinar para promover uma vida mais santa e cheia de Deus. A maior coisa que você pode buscar em sua vida agora é a disciplina para se tornar mais santo. É por isso que a fase de solteiro existe. Para perseguir o que é absolutamente mais importante, para buscar se tornar uma versão melhor de si mesmo, uma versão que seja mais idêntica à pessoa de Jesus Cristo e menos idêntica aos padrões do mundo. Tornar-se mais parecido com Deus é a melhor maneira de fazer uso do tempo que você tem enquanto está solteiro e acredito que Deus concede e permite a solteirice na vida de muitos rapazes para que eles possam se tornar mais santos e purificados como homens de Deus.

É por isso que você está solteiro. Você está solteiro para buscar o que mais importa: buscar a santidade e revestir-se da pessoa de Jesus Cristo todos os dias.

Mas como você faz isso? É provável que você tenha tentado viver uma vida mais santa no passado. Talvez você tenha ouvido isso do seu pastor na época da faculdade ou de um amigo de confiança do seu pequeno grupo que tenha o encorajado a buscar a Deus e levar sua fé mais a sério. À medida que você se esforça para fazer isso, precisará de um plano ou de alguns passos acionáveis que possa tomar para investir em seu crescimento espiritual. Se você não tiver um plano para chegar ao seu destino, você permanecerá preso onde está.

Buscar o que mais importa começa com a disciplina. Disciplinas espirituais são os primeiros passos para uma versão mais santa de si mesmo.

Nos últimos nove anos da minha vida, tentei incorporar consistentemente várias disciplinas espirituais para me tornar mais como Cristo. Aqui estão sete disciplinas que você pode começar a incorporar em sua vida esta semana para evoluir em seu relacionamento com o Senhor.

Meditar nas Escrituras

Quando eu tinha três anos, meus pais ensinaram meus irmãos e eu o Salmo 1, e passamos um tempo ao redor da mesa de jantar memorizando esta passagem e ensaiando o capítulo com movimentos das mãos. Uma das frases que mais se destacou para mim agora que sou um homem na casa dos meus vinte e poucos anos é "bem-aventurado aquele... que medita na lei do Senhor dia e noite" (vers. 1-2 - NVI). Sempre achei interessante como a Bíblia usa a palavra "meditar" em vez de "ler". Descobri que há uma grande diferença entre ler a palavra de Deus e meditar sobre ela.

Muitas pessoas leem a Palavra de Deus. Alguns lêem diariamente, semanalmente ou talvez mensalmente, mas se você perguntar o que eles leram algumas horas depois, é provável que eles não se lembrem. De fato, até mesmo não cristãos ou ateus leem a Palavra de Deus. No entanto, meditar na Palavra de Deus é receber tudo o que Deus armazenou em sua Palavra e depois aplicar em sua vida.

Me acompanhe aqui, todos nós já vimos vacas pastando em um pasto, comendo grama. Quando uma vaca come, ela engole a comida e parte da comida é movida para o estômago. Todavia, grande parte da comida, uma vez engolida, será enviada de volta para a boca no rúmen, onde uma vaca trabalhará para processar todos os nutrientes necessários da comida. Uma vez que uma vaca absorve os nutrientes, a comida é passada para o estômago. Esse processo é conhecido como "ruminação" e ao longo do dia a vaca continuará a ruminar sobre a comida que ela comeu.

Como a vaca (desculpe, sem ofensa!), você deve continuar a mastigar ao longo do dia sobre as verdades que você absorve das Escrituras. Deus disse a Josué que se ele meditasse em sua Palavra dia e noite, então ele fará "prosperar os seus caminhos e será bem-sucedido" (Josué 1.8 - NVI). Meditar na Palavra de Deus permite que você se torne mais próximo de se parecer com Cristo e, como um homem solteiro, você deve ter tempo para fazer isso consistentemente em sua vida.

Solidão

Quando descobri que ia passar cinco horas sozinho uma tarde em um retiro que participei no meu primeiro ano da faculdade, fiquei apavorado. E se eu ficar entediado? Eu pensei. E se eu adormecer e não puder voltar para o acampamento quando escurecer? Essas eram todas as desculpas que eu queria usar para passar esse tempo com meus amigos, mas, na verdade, eu estava com mais medo de ficar sozinho com Deus.

A Bíblia nos diz várias vezes sobre quanto tempo Jesus passou em lugares sozinho. Lucas nos diz que: "Jesus, porém, retirava-se para lugares solitários e orava" (5.16 - NVI). Estar sozinho com Deus nos reconecta ao nosso Pai, que está profundamente apaixonado por nós e realinha nossas prioridades com as dele. Como um encontro entre um homem e uma mulher, o tempo com Deus existe para aumentar a intimidade, aprofundar a conexão e aumentar a compreensão.

Eu sempre acho engraçado como tantos homens reclamam de uma falta de clareza de Deus ou de serem incapazes de discernir sua vontade, mas quando pergunto a eles se passaram muito tempo sozinhos com Ele, a resposta prova o motivo. Eu dou crédito de algumas das minhas maiores lições na vida ao tempo passado na solidão com o Senhor. Eu estava correndo em uma praia quando Deus me revelou o meu chamado na vida. Eu estava em um parque estadual em Indiana quando descobri a vontade do Senhor para o meu negócio e ministério. O tempo sozinho no interior da Alemanha é onde Deus começou a me mostrar o que faria com algumas das minhas dores e sofrimentos da vida. Eu encorajo você a tentar passar uma longa quantidade de tempo com Deus uma vez por semana e durante esse tempo implementar essas disciplinas espirituais.

Encontrar tempo para ficar sozinho com Deus será mais desafiador quando você for casado. Como um homem solteiro, faça de uma prioridade passar um tempo sozinho com o Senhor agora, para que, se você se casar, trabalhe para continuar impulsionando esse hábito.

Adoração

Adorar a Deus é algo que você foi criado para fazer. Somos projetados, capacitados e é esperado que cultive uma adoração a Deus continuamente, não apenas nos cultos da igreja de domingo de manhã.

Toda pessoa na terra adora algo, mas nem todo mundo adora a Deus. Como ser humano em um mundo pecaminoso, você terá que lutar consistentemente uma batalha para alinhar seu corpo para adorar o verdadeiro rei.

Uma ótima maneira de trazer a Deus o louvor e a honra que Ele deseja de você é cantar canções de louvor para Ele. Minhas canções de adoração favoritas são aquelas que falam sobre a pessoa de Deus, seu caráter, sua santidade, sua grandeza e sua maravilha. Às vezes, canto essas músicas para Deus de manhã, dirigindo para o trabalho ou escola e à noite enquanto me preparo para deitar.

Disciplinar-se para passar um tempo em adoração o lembrará de quem você deve adorar e protegerá seu coração de adorar algo mundano. Isso alinhará suas prioridades ao longo do dia e, quando surgirem desafios, você poderá ser lembrado de que um Deus fiel está no controle. Crie uma lista de suas músicas de adoração favoritas no seu telefone e passe um tempo cantando canções de louvor a cada semana.

Você pode ficar muito tempo sozinho no carro ou no seu quarto à noite. Eu encorajo você durante esses momentos a fazer questão de adorar. Como um homem solteiro, você tem muitas oportunidades de adorar e louvar a Deus ao longo do seu dia. Aproveite esses momentos sozinho adorando o Deus que o criou!

Confissão

O orgulho naturalmente se infiltra e tenta nos convencer de que somos perfeitos e sem pecado. Mas a realidade é que todos nós ficamos aquém da glória de Deus e não há ninguém justo entre nós (Rm 3.23 CEV; Rm 3.10 NVI).

Descobri que passar alguns minutos em confissão a cada semana me fez lembrar da minha fragilidade e do meu desespero por um Salvador. Eu tento passar o tempo em confissão tanto de forma independente com Deus quanto com outro irmão em Cristo.

Dizer a Deus os pecados que cometi nos últimos seis dias me ajuda a ver o evangelho de Jesus Cristo de uma maneira mais valiosa, pois Ele me lembra que sua morte e ressurreição cobriram a punição de meus pecados. Às vezes, vou registrar meus pecados e listá-los apenas para que eu possa ver o que Cristo pagou por mim. Outras vezes, falarei em voz alta a Deus sobre os pecados que cometi.

Ao confessar meus pecados a outros irmãos, me mantenho responsável no futuro, pois é menos provável que peque quando sei que outro irmão está assistindo e que precisarei confessar meus pecados a ele mais tarde. A confissão tem a capacidade de fortalecer qualquer relacionamento ou organização da qual você faça parte. Ficar confortável em se confessar com alguém agora permitirá que você peça desculpas e se confesse mais livremente como marido, o que é um grande ato de liderança para toda a casa testemunhar. A confissão cria paz quando feita de bom grado e quando o perdão é procurado e certamente impulsionará sua caminhada como discípulo de Cristo.

Celebração

Se você for como eu, quando você chega ao final da sua lista de tarefas, parece que magicamente aparecem mais tarefas para fazer e te forçando trabalhar duramente. A realidade é que sempre há outra coisa para fazer, então reservar um tempo para fazer uma pausa e celebrar é essencial.

Ao reservar um tempo para celebrar, você pode ser lembrado de como Deus está usando você, podendo ser esclarecido sobre como a fidelidade de Deus permitiu que você realizasse certas tarefas em sua vida. Eu gosto de me presentear com certas refeições ou sobremesas quando chego a um marco na minha vida. Estando solteiro, pode se tornar fácil ignorar essa disciplina e não separar tempo para celebrar o que Deus tem feito em sua vida. Certifique-se de compartilhar suas vitórias com outras pessoas e convidá-las para comemorar com você.

Escrita

Todos nós sabemos que pensar no crescimento pessoal ou processar nosso passado é uma coisa útil a se fazer. Mas às vezes, precisamos fazer mais do que apenas pensar no que está acontecendo em nossas vidas. Escrever seus pensamentos, experiências e orações é uma ótima maneira de processar completamente o que Deus está fazendo em você, permanecer livre de distrações e ser mais intencional em entender a fase da vida em que você está. Como um homem solteiro, você deve passar tempo escrevendo confissões, celebrações, preocupações e conversas com Deus.

Você nunca sabe como esses registros podem lhe servir bem no futuro e podem servir como um poderoso lembrete para você da fidelidade do Senhor em sua vida. Quem sabe, talvez suas orações e diários se tornem uma maneira de encorajar alguém através de um livro um dia. (Eu sei disso por experiência própria!).

Descanse Bem

Quando temos um dia de folga ou uma pausa na escola, pode ser tentador preencher nosso tempo com entretenimento. Mas descansar bem às vezes significa usar intencionalmente seu tempo de inatividade para aumentar seu relacionamento com o Senhor. Você precisa descansar e as Escrituras nos encorajam a descansar semanalmente da mesma forma que Deus descansou de sua obra da Criação.

Descobri que sou mais enérgico e produtivo durante a semana quando eu faço do descanso uma prioridade antes que a semana comece. Em vez de trabalhar para descansar, achei melhor trabalhar a partir do descanso. Reserve um tempo toda semana para descansar completamente, gastando esse tempo de uma maneira que traga vida para você e enriquecimento para o seu relacionamento com o Senhor.

Negligenciar a necessidade do descanso em sua vida agora certamente terá suas consequências, mas imagine negligenciar fazer isso quando a vida ficar ainda mais corrida no futuro. Reserve um tempo agora para construir o hábito de implementar um dia de descanso em sua rotina semanal, para que você esteja totalmente disponível e preparado para o que Deus o chama a fazer.

Essas práticas que você adota não serão apenas úteis para você agora; são realmente disciplinas que você trará para as próximas fases de sua vida, sejam elas quais forem. Se você não está fazendo isso agora, enquanto provavelmente tem mais tempo em sua vida, é improvável que você adote esse hábito em sua vida no futuro, quando estiver mais ocupado.

A primeira vez na sua vida que você tenta algo novo, há chances de que você provavelmente não seja muito bom nisso. Mas ao trabalhar consistentemente em seu novo passatempo através da prática, pesquisa e treinamento, você é capaz de se tornar mais proficiente ou até mesmo profissional em seu hábito. Tenha paciência consigo mesmo ao implementar disciplinas espirituais, mas também dê pequenos passos, um de cada vez, para trabalhar e se tornar mais parecido com Deus.

Além disso, quando você pensa na primeira vez que fez um exercício de supino, pode ter se encontrado usando pesos mais leves, já que não é forte o suficiente para as coisas mais pesadas. Mas você não quer passar a vida inteira usando halteres de 9 kg. Em vez disso, você quer aumentar o peso ao longo do tempo. Na mesma forma, à medida que você cresce espiritualmente, certifique-se de que suas disciplinas espirituais também estejam crescendo. Talvez você costumava passar apenas dez minutos sozinho com Deus todos os dias; como você pode levar isso para o próximo nível e, em contrapartida, passar trinta ou sessenta minutos com Deus?

Essas disciplinas o aproximarão de Deus. A pessoa que Deus quer que você seja, um discípulo de Cristo que passa tempo, aprende, e se torna mais parecido com Jesus, começa com essas disciplinas diariamente. Paulo nos diz em Hebreus: "Nenhuma disciplina parece motivo de alegria no momento em que é recebida, mas sim motivo de tristeza. Mais tarde, no entanto, produz fruto de justiça e paz para aqueles que por ela foram exercitados" (12.11 - NVI). Se você não sentir vontade de incorporar essas disciplinas em sua vida, eu o encorajo a perseverar e confiar que o resultado final valerá a pena.

Uma Pergunta
Se alguém o acompanhasse por um dia, quais evidências haveriam em sua vida de que você é um cristão buscando crescer em sua fé?

Uma Oração
Senhor, obrigado por eu ter a capacidade de crescer na minha fé, em vez de apenas ficar estagnado. Você poderia me convencer de como posso usar melhor o tempo que o Senhor me deu para crescer no meu relacionamento contigo? Me dê a motivação e a intencionalidade que preciso para implementar disciplinas úteis na minha vida. Amém

Capítulo 15

Descubra a liberdade financeira

Nunca vou esquecer o dia em que abri meu aplicativo do banco enquanto estava na faculdade e descobri que todo o dinheiro em meu nome se somava a zero dólares. Então eu verifiquei minha conta poupança e descobri outros enormes zero dólares. Avançando alguns anos, após começar num emprego com salário integral em uma grande empresa, eu comecei a receber cheques de pagamento bastante razoáveis em minha conta. Não importa em qual extremidade do espectro você se encontre agora, gerenciar bem suas finanças é algo que você deve aprender a fazer.

O dinheiro é extremamente poderoso. Tem o poder de construir grandes coisas ou o poder de destruir e dividir famílias. A maneira como você gasta, investe, economiza e doa dinheiro não deve ser menosprezada. Jesus sabia o significado do dinheiro e de suas trinta e oito parábolas que registramos na Bíblia, dezesseis eram sobre o tema de dinheiro e posses. Além disso, embora existam mais de quinhentos versículos sobre oração e fé nas escrituras, existem dois mil versículos sobre dinheiro e posses.

O que você faz com seu dinheiro é importante, e embora pareça que você só está afetando a si mesmo com seu dinheiro, você não está. Você tem uma oportunidade única agora, durante seus anos de solteiro, de não apenas praticar princípios financeiros sábios e bíblicos, mas também de se preparar para uma vida de administração fiel.

O dinheiro é uma ferramenta útil porque o dinheiro revela os motivos dos nossos corações. Jesus nos diz isso em Mateus 6:21 quando ele diz, "Pois, onde estiver o seu tesouro, ali também estará o coração" (NVI).

Nossos hábitos de gastos, poupança e de investimento revelam algo mais profundo sobre nós mesmos do que o que está na superfície. O dinheiro amplia os motivos e as prioridades dentro de nossos corações.

A verdade é que você não possui nada que pensa que possui. Seu dinheiro, casa, carro, corpo—nomeie qualquer coisa—não é seu, mas sim de Deus. Deus escolheu presenteá-lo com essas coisas e torná-lo gerente de seus bens. A questão se torna quão bom gerente você quer ser para o seu Pai celestial que confiou essas coisas a você? Vamos falar sobre algumas das maneiras pelas quais você pode trabalhar para ser um bom gerente do dinheiro que Deus lhe deu.

Dar

Me surpreende que muitos homens solteiros, especialmente aqueles com salários integrais, negligenciem o hábito de ofertar. Jesus nos chama para dar nosso dinheiro e, ao deixar de fazê-lo, o desobedecemos. Como cristão, você deve se esforçar para doar uma parte de sua renda sempre, não importa em que fase da vida você esteja.

Algumas das pessoas mais felizes e contentes que conheço também são as pessoas mais generosas que conheço. Pense nisso, você já conheceu uma pessoa infeliz e generosa? A generosidade faz algo em você.

No final das contas, dar dinheiro permite que você diga ao seu dinheiro que ele não tem controle sobre você, mas sim que você tem controle sobre ele. Doar lhe dá liberdade sobre a tentação de acumular dinheiro e lembra que Deus pode fazer algo através de você para abençoar outra pessoa através de sua generosidade.

Adoro ser criativo com a maneira que oferto. Na verdade, pensar em maneiras inesperadas de abençoar os outros é a maior diversão que tenho com dinheiro. Todo mês, vou ao meu banco e peço 100 dólares em notas de dez dólares. Então, eu me desafio a dar cada uma dessas notas para as pessoas que encontro no supermercado, no aeroporto ou em qualquer outro lugar. Eu também tenho uma poupança chamada fundo "Acima e Além", na qual reservo dinheiro para dar acima do que é exigido de mim, para que outros possam ir além no potencial deles. Descobri que doar dinheiro é a maior diversão que você pode ter com ele, isso estimulará uma sensação de satisfação e alegria dentro de você.

Dívida

Não é preciso olhar muito longe para perceber crises financeiras entre todas as gerações na América. De acordo com o New York Fed, as quatro dívidas mais comuns entre a geração do milênio são empréstimos estudantis (que ocupam a maioria), hipotecas residenciais, cartões de crédito e empréstimos para carros.[1] De acordo com dados coletados de mil milênicos em 2016, a carga média da dívida milenar está em 30.580 dólares, muitos acham que eles morrerão antes que sua dívida seja paga integralmente.[2] Diminuindo o zoom, 78% dos americanos estão vivendo de salário em salário[3] e 47% dos americanos têm menos de 1.000 dólares guardados para

---

[1] "Relatório Trimestral Sobre Dívida e Crédito das Famílias." New York Fed. Acesso em: 1 de Maio, 2019. Disponível em: https://doi.org/ https://www.newyorkfed.org/medialibrary/interactives/household-credit/data/pdf/hhdc_2019q1.pdf.

[2] "Millennials and Retirement." [Milênicos e a Aposentadoria] Ramsey Solutions. Acesso em: 27 de Setembro, 2021. Disponível em: https://doi.org/https://www.ramseysolutions.com/retirement/millennials-research.

[3] "Viver de salário em salário é um modo de vida para a maioria dos trabalhadores dos EUA, de acordo com a nova pesquisa da CareerBuilder." CareerBuilder. Acesso em: 24 de Agosto, 2017. Disponível em: https://doi.org/https://press.careerbuilder.com/2017-08-24-Living-Paycheck-to-Paycheck-is-a-Way-of-Life-for-Majority-of-U-S-Workers-According-to-New-CareerBuilder-Survey.

emergências.[4]

Ter dívidas é como ter um bloco de concreto em volta do pescoço; isso impede que você avance, mantendo você preso fazendo a mesma coisa repetidamente apenas para sobreviver. Está comprovado que a dívida é uma razão para estresse, ansiedade e preocupação, limitando muito sua capacidade de investir e economizar para o seu futuro.

É lamentável como a dívida financeira se tornou comum em nossa cultura. Muitas pessoas da geração Y e Z exigem ter um padrão de vida agora que levou toda uma carreira para os seus pais alcançarem. O mundo nos dirá que entrar em dívidas é a única maneira de conseguir as coisas que precisamos e queremos, e que ficar endividado é um hábito vitalício ao qual você precisa se acostumar. Romanos 13:8 nos diz: "Não devam nada a ninguém, a não ser o amor de uns pelos outros" (NVI). Evitar dívidas ao viver com menos do que você ganha; o ajudará a aprender algumas das melhores lições da sua vida.

No maior estudo já realizado na América do Norte com milionários, os pesquisadores descobriram que a chave número um para se tornar rico era ficar longe de dívidas e viver com menos do que você ganha.[5] Acontece que não há atalhos para se tornar rico, e assim como deixar seu corpo em forma, tornar-se financeiramente bem-sucedido requer planejamento, diligência, paciência e trabalho.

Orçamento

Muitas pessoas odeiam a palavra orçamento, mas um orçamento lhe dá mais liberdade do que restrições. Pense em um orçamento como

---

4 "O estado das finanças pessoais na América do segundo trimestre 2023." Ramsey Solutions. Acesso em: 26 de Novembro, 2023. Disponível em: https://doi.org/https://www.ramseysolutions.com/budgeting/state-of-personal-finance.
5 Ramsey, Dave. Baby Steps Millionaires. [Milionários a Passos de Bebe] (Nashville: Ramsey Press, 2022).

"permissão para gastar". Grandes coisas podem acontecer quando você tem um ótimo planejamento. Um orçamento é a maneira de dizer ao seu dinheiro todos os meses o que ele vai fazer. Você está no controle

do dinheiro que ganha, investe, economiza e gasta, e precisa dar a direção para onde o seu dinheiro deve ir.

Assim como qualquer outra coisa na vida, se você tem um objetivo que deseja atingir, precisará de um plano para ir de A a B. Um orçamento é o plano escrito que coloca você no controle do seu dinheiro. Encontre um aplicativo de orçamento[6] ou vá à moda antiga e escreva um orçamento mensal em um caderno. Não importa como você gerencie seu dinheiro, sem um orçamento, você não terá sucesso financeiro.

Se você for ficar solteiro pelo resto de sua vida ou se tiver uma esposa e filhos em breve, você será responsável pelo bem-estar financeiro de sua família. Primeiro Timóteo 5:8 nos diz, "Se alguém não cuida dos seus parentes, especialmente dos da própria família, negou a fé e é pior que um descrente" (NVI). É difícil sustentar sua família quando você sente que o dinheiro tem controle sobre você. Prover para sua família e suas futuras gerações começa agora, com a forma como você administra suas finanças.

Agora, se você é como a maioria dos homens com quem falo regularmente, provavelmente tem sua própria maneira de lidar com as suas finanças. Você pode concordar com um dos meus pontos acima, mas discordar de outros. No fim, você é o responsável por suas próprias finanças. Deixe-me avisá-lo, como um jovem que é novo no mundo das finanças, que você não sabe tudo. Eu simplesmente não sei tudo a respeito de finanças e é por isso que adaptei os meus princípios financeiros aos da Bíblia e de outros homens mais velhos e sábios que tem um histórico de sucesso financeiro. Muitas vezes, o próprio orgulho de um jovem o leva a cometer o maior erro de sua vida e isso

---

6   Eu uso o aplicativo EveryDollar.

acontece muito com as finanças.

Reserve um tempo para trabalhar em seu plano para gerenciar suas finanças. Sente-se com as pessoas quietas, humildes e financeiramente estáveis em sua igreja e aprenda com elas. Não aprenda os princípios financeiros do dinheiro com seus amigos falidos. O autor best-seller e coach financeiro Dave Ramsey tirou milhões de pessoas da dívida e os levou a um estilo de vida mais sustentável e próspero, e através de seu programa de rádio da tarde e livros, aprendi com Dave muitos princípios financeiros bíblicos sábios. Eu o encorajaria a conferir os recursos dele.[7]

O dinheiro e os recursos que você tem agora e terá no futuro não são seus. Na realidade, tudo é de Deus e Ele foi gentil o suficiente para confiar em você, como gerente, para administrar esses recursos. Você vai desacelerar o suficiente em sua fase de solteiro agora para garantir que está sendo fiel ao que Deus lhe deu?

Uma Pergunta

O que a maneira como você gasta seu dinheiro revela sobre o seu coração?

Uma Oração

Pai, reconheço que tudo o que possuo não é meu, mas seu. Ajude-me a ser um melhor gerente dos recursos que você me confiou e me mostre como ordenar minhas finanças de maneira que honre e sirva a você. Ajude-me a estabelecer padrões na minha vida agora que servirão bem à minha família e aos outros. Obrigado, Senhor, por confiar em mim com seus recursos. Amém.

---

[7] Acesse RamseySolutions.com para conferir artigos, aplicativos e podcasts gratuitos.

Capítulo 16

Desenvolva um corpo saudável

Ao considerar os recursos e bens que o Senhor lhe deu, um dos maiores presentes que você tem é o seu corpo físico. Seu corpo é uma das únicas coisas que você terá apenas uma na vida. Você só recebe um. No entanto, é interessante para mim ver como tantos homens tratam outros bens que têm na vida melhor do que seus próprios corpos.

O corpo precisa da sua atenção, e durante esta vida na terra, você deve aprender a viver pacificamente em seu corpo. Afinal, seu próprio corpo é um templo de Deus. Seu corpo é o próprio lugar de residência onde Deus escolheu habitar na terra. Não podemos deixar de levar isso a sério, devemos aprender o que significa honrar e administrar esses tabernáculos do templo que cada um de nós recebeu e seus anos solteiros são um ótimo momento para criar esses hábitos

Para começar, devemos estabelecer que Deus está mais preocupado com nossos corações do que com nossos corpos físicos. Primeiro Samuel 16:7 nos diz: "O Senhor não vê como o homem: o homem vê a aparência, mas o Senhor vê o coração" (NVI). Ao mesmo tempo, Deus lhe deu seu corpo para viver durante esta curta vida na terra e, de fato, você não pode separar sua vida espiritual, emocional ou relacional do seu corpo. Você deve procurar se preocupar mais com seu coração do que com seu corpo, mas você deve cuidar do seu corpo também.

Para muitos rapazes, eu sei que pode haver desejos profundos dentro de você para alcançar um tipo específico de corpo. É bom que você reconheça que lhe foi dado algo e que deseja cuidar disso, mas quero desafiá-lo a ter certeza de verificar sua motivação e raciocínio do porque você deseja um determinado tipo de corpo.

Por anos, trabalhei duro para conseguir um abdômen definido. Em uma fase em que Deus estava verificando meus motivos em todas as áreas, eu li Provérbios 16:2, que diz, "Todos os caminhos do homem lhe parecem puros, mas o Senhor avalia as motivações" (NVI). Muitas vezes, quando me esforço para melhorar minha capacidade física, meu motivo está no lugar errado. Isso pode significar, malhar como um louco para alcançar um corpo dos meus sonhos apenas para que os outros gostem mais de mim. Se você viveu por anos desejando e buscando uma certa aparência física, pergunte a si mesmo, por que eu quero parecer dessa maneira?

Os cristãos devem aprender a ter a mentalidade certa em relação aos nossos corpos e, ao mesmo tempo, devemos pesar e avaliar nossos motivos para a aparência que desejamos. É fácil ouvir o chamado para cuidar do seu corpo e imediatamente pensar que você precisa ter músculos enormes para viver esse mandamento bíblico. Mas, na realidade, você só precisa de um corpo que seja capaz de fazer a obra do Senhor e que sustente e promova sua vida espiritual, emocional e relacional.

Paulo nos diz para "ofereçam o corpo de vocês como sacrifício vivo... a Deus" (Rm 12.1 - NVI). No Antigo Testamento, os animais usados para sacrifício ao Senhor eram os melhores do rebanho. Nós também devemos procurar dispor nossos corpos como sacrifícios saudáveis, preparados e nutridos ao Senhor.

Qual é a sua perspectiva sobre o seu corpo? Você vê seu corpo como uma ferramenta para adoração e um sacrifício vivo para Deus? Ou, em vez disso, você vê seu corpo como algo irrelevante para sua fé que você, não o Senhor, tem total autonomia? De fato, não somos nossos, fomos comprados com um preço e devemos honrar a Deus com nossos corpos (1Cor 6.19-20).

Seu objetivo em sua fase de solteiro (ou qualquer outra fase da vida) deve ser honrar melhor a Deus com os recursos que Ele lhe confiou atualmente. Você deve ter cuidado para não pecar em nome de honrar a Deus e deve pedir a orientação do Espírito Santo para convencê-lo e ensiná-lo como melhor honrar o corpo que Ele lhe deu.

Para alguns, isso se refere a avaliar os alimentos que estão entrando na sua boca e buscar fazer alguns ajustes. Para outros, isso pode ser como eliminar uma dia de exercícios na academia na próxima semana e escolher servir e ministrar aos outros.

Não importa onde você esteja, é sempre sábio procurar viver um estilo de vida fisicamente saudável. Embora você deva pedir ao Senhor para verificar seu coração e o motivo por trás disso, seu corpo está cheio de potencial para ser um grande agente de adoração se você cuidar dele. Como a maioria das coisas na vida, poucas coisas afetam apenas você. Sua saúde afeta o corpo de Cristo. Se você está saudável, pode oferecer seu corpo às necessidades de serviço de outras pessoas em sua comunidade. Da mesma forma, se você está profundamente acima do peso ou tem pouca energia por causa de suas más escolhas alimentares, você rouba os outros de serem abençoados pelo seu serviço.

Sua saúde física também tem o potencial de afetar sua família. Muitos rapazes solteiros serão pais um dia, e para mim, prefiro estar jogando futebol com meus filhos do que na arquibancada assistindo. O que você faz agora com seu corpo físico terá um impacto em suas capacidades físicas mais tarde na vida.

A saúde física também afeta outras áreas de nossas vidas. Pesquisas sugerem que o exercício é conhecido por melhorar seu humor, combater doenças e condições de saúde, promover um sono melhor, construir disciplina e melhorar sua [futura] vida sexual.[1] Alcançar um corpo saudável é mais do que apenas uma mera aparência; isso afeta todas as áreas da sua vida e elevará seu potencial mais do que você pensa.

À medida que você pretende se tornar mais saudável fisicamente, aqui estão algumas coisas a serem consideradas:

Tenha um Plano

O teólogo Donald Whitney diz: "A disciplina sem direção é uma labuta".[2] Quantas vezes você tentou se disciplinar para alcançar um objetivo ou alcançar o sucesso, mas falhou? Foi porque você não tinha um plano claro que pudesse seguir? Crie um objetivo físico grande e claro para si mesmo, anote-o e lembre-se dele com frequência.

Comece pequeno

Um grande erro que as pessoas cometem quando entram nessa jornada é que estabelecem expectativas irrealistas muito cedo, então, quando essas expectativas não são atendidas, elas ficam desanimadas e param de trabalhar em direção a uma versão mais saudável de si mesmas. Se você está querendo perder peso ou apenas ganhar mais músculos, é decisivo definir pequenas metas para si mesmo que possam ser alcançadas rapidamente. Quando você celebra essas pequenas vitórias e sucessos ao atingir seu objetivo, é mais provável que você defina outro objetivo e continue a se esforçar ainda mais. Lembre-se, grandes sucessos geralmente são uma combinação de pequenas vitórias.

---

1 "Exercise: 7 Benefits of Regular Physical Activity." [Exercício: 7 benefícios da atividade física regular] Mayo Clinic. Acesso em: 6 de Agosto, 2023. Disponível em: https://doi.org/https://www.mayoclinic.org/healthy-lifestyle/fitness/in-depth/exercise/art-20048389.
2 Whitney, Donald. 1991. Disciplinas Espirituais para A Vida Cristã. NavPress.

Inclua Outras Pessoas

É mais provável que as metas sejam alcançadas quando você diz a outra pessoa qual é o seu objetivo. Peça aos amigos ao seu redor para verificar consistentemente com você sobre o seu progresso. Saber que você terá amigos perguntando sobre seu progresso o manterá focado e o ajudará a evitar deslizes ou desistência. Contar aos outros sobre suas metas também o ajudará a verificar regularmente seus motivos para se esforçar na busca pelos seus objetivos.

Se você quer ser responsável por grandes coisas de sua vida, você deve ser um bom gerente das pequenas coisas que tem à sua frente. Seu corpo físico é um dos maiores testes da vida para ver se você está disposto e preparado para cuidar bem do que já tem.

Assim como pode ser tentador permitir pequenos pecados em nossas vidas, também pode ser tentador permitir pequenas exceções em nossa saúde física. Pode ser fácil justificar fast food ou sobremesa. Embora não haja nada de errado em uma sobremesa ocasional e se divertir, muitas exceções podem levá-lo a quilômetros de distância de seu objetivo de longo prazo.

Um dos princípios mais encorajadores que ouvi quando comecei um programa de exercícios no ano passado foi: "Pessoas bem-sucedidas fazem consistentemente o que as pessoas malsucedidas fazem ocasionalmente".[3] Exceções consistentes levarão a resultados que você não deseja. Dê a si mesmo graça e não se torne legalista, mas procure ser disciplinado nesta área de sua vida. Haverá dias em que você não vai sentir vontade de malhar ou dias em que você vai querer beber aquele milkshake de chocolate, mas essas pequenas exceções o impedirão de atingir seus maiores objetivos.[4] O sucesso que você tem em alcançar seus objetivos físicos virá a partir das pequenas decisões honrosas que você toma.

---

3   Maxwell, John C. 2014. Good Leaders Ask Great Questions. Center Street.
4   O milkshake de chocolate com menta do Chick-fil-A é o melhor milkshake do mundo. Na minha opinião.

Quando Paulo está escrevendo para Timóteo, ele instrui Timóteo a se disciplinar para fins de piedade (1Tm 4.7–8). Quando você procurar o texto original e examinar a palavra disciplina na língua grega, você descobrirá que ele usou a palavra gymnasia. Olhando para esta palavra, você pode perceber rapidamente que esta é a raiz da nossa palavra portuguesa ginásio. É interessante para mim que disciplina e ginásio sejam sinônimos aqui. A disciplina que você está praticando em sua vida física em uma academia pode ser refletida e espelhada nas disciplinas espirituais que você também deve praticar.

Há uma ligação inerente entre o que você faz para se exercitar e treinar por um corpo físico melhor e o que você faz para se tornar mais parecido com Deus e santo em sua vida espiritual. Pense nisso... se você segue a Cristo e realmente acredita que é um templo do Espírito Santo, isso não deveria levá-lo a tratar e cuidar do seu corpo de forma diferente?

Se você não tem disciplina em sua vida física, é provável que você também não tenha disciplina em sua vida espiritual. Se tudo o que você come é fast food, então você pode desnutrir sua vida espiritual também. Criar as disciplinas em torno de sua saúde física e nutrição pode impulsioná-lo a ser saudável com sua vida espiritual também. Se você permitir, que o grau de intencionalidade que você aplica em seu desempenho físico seja a mesma intencionalidade que você utiliza em sua caminhada com o Senhor, você tem a oportunidade de crescer e de se aproximar dele.

Seu corpo não é apenas um corpo. É um presente feito à mão dado a você pelo Criador de todas as coisas. Foi feito pelo Criador para a glória dele; nossos corpos são agentes de adoração a Deus. Como decidimos conduzir e gerenciar nossos corpos reflete nossa apreciação (ou falta) deste presente de nosso Pai.

Como um homem solteiro, aproveite a oportunidade para refletir sobre o que significa para você honrar melhor a Deus com o corpo que você tem agora.

Uma Pergunta
As atividades que você faz com seu corpo com mais frequência servem a você ou aos outros?
Uma Oração
Senhor, obrigado por criar meu corpo do jeito que você criou e por me confiar com ele como um lugar onde o Senhor habita. Ensine-me a oferecer meu corpo como um sacrifício vivo a você todos os dias e me convença dos motivos pecaminosos em meu coração que buscam construir minha própria imagem e reino em vez do seu. Ajude-me a incluir os outros enquanto trabalho para honrá-lo com tudo.

Capítulo 17

Trabalhe de forma não convencional

Eu estava há dois meses no meu novo emprego corporativo nos Estados Unidos quando comecei a sentir o desejo de fazer outra coisa. O trabalho que eu tinha era executável, mas percebi cedo que o trabalho que eu estava fazendo não estava alinhado com minhas paixões, talentos ou objetivos de longo prazo, nem com os sonhos que eu tinha em mente. O trabalho que eu estava fazendo não era de forma alguma o emprego dos meus sonhos e quando comecei a ganhar meu salário, me perguntei se seria possível ganhar um dinheiro extra de novas maneiras.

Uma noite eu estava jantando com meus pais e os informei que estava pensando em me candidatar a um cargo de meio período em um supermercado apenas para ganhar um dinheiro extra. Eu joguei a ideia de entregar comida, trabalhar como barista ou até mesmo fazer alguns bicos para meus vizinhos na cidade. Embora meus pais não se opusessem a eu ganhar um dinheiro extra, eles me desafiaram a usar meus talentos naturais de uma maneira diferente e me encorajaram a construir uma segunda fonte de renda.

Enquanto eu permanecia no meu emprego em tempo integral, comecei a pedir ao Senhor novas possibilidades. Conforme eu orava ativamente, Deus começou a me incomodar com uma ideia. Em maio de 2020, Deus me deu a ideia e a oportunidade de usar minha experiência na fase de solteiro como uma plataforma para incentivar e desenvolver outros homens solteiros. Quando comecei a pensar em como isso seria, percebi que poderia gastar meu tempo em algumas das minhas disciplinas favoritas, como escrever conteúdo, ensinar outras pessoas, fazer marketing, construir uma marca e fazer networking com outras pessoas. Então, eu decidi tentar.

Lentamente, comecei a usar os poucos minutos que tinha entre as reuniões no meu trabalho diário para desenvolver uma marca e uma plataforma em torno dessa nova ideia. Muitas pessoas que optam por conseguir um emprego em tempo integral logo depois da faculdade acabam longe de gostar de seu cargo. Algumas pessoas se formam na faculdade e depois buscam um mestrado e ficam sentadas desejando poder mergulhar no trabalho que realmente amam. Muitos de nós ouvimos a mentira de que não encontraríamos o trabalho que amamos até os nossos quarenta ou cinquenta anos e que os anos mais jovens precisam ser gastos curtindo a vida e fazendo coisas divertidas.

A realidade é que você está em um lugar único em sua vida agora para buscar um trabalho que realmente importa para você. Você não precisa esperar até deixar seu emprego corporativo ou até chegar aos quarenta e cinco anos; você pode buscar o trabalho que ama agora, hoje. Como um rapaz solteiro, você não está sobrecarregado em sustentar uma família ou muitas outras obrigações que podem vir mais tarde na vida. Com responsabilidades e requisitos mínimos agora, como seria para você começar a viver seu propósito e operar dentro dos pontos fortes, talentos e paixões que Deus lhe deu?

Quero desafiá-lo a correr alguns riscos e encontrar uma segunda fonte de renda, trabalho ou passatempo que você ama. Não estou dizendo que você precisa largar seu trabalho diário, mas não espere três décadas para entrar em um trabalho que realmente importa para você! Comece agora mesmo enquanto estiver solteiro e colha as lições que virão com a busca do trabalho que você ama.

Aqui estão algumas coisas que aprendi com outras pessoas, pois trabalhei de forma não convencional.

Conheça a Si Mesmo

Assim como você não pode reservar passagens de avião para férias até saber se quer explorar as montanhas ou a praia, você não pode buscar um trabalho mais significativo ou criativo até saber quem você é e o que quer. E mais especificamente, você precisa saber quem você é e quais são seus talentos, habilidades e paixões. Deus lhe deu um conjunto único de desejos que ninguém mais tem, e você deve usá-los como um guia para o trabalho que você almeja.

Reserve um tempo para perguntar às pessoas de quem você é próximo quais são seus talentos e habilidades. Faça avaliações de personalidade ou obtenha treinamento de um mentor para trabalhar na definição da pessoa que você é.

À medida que você ganha clareza sobre como você é projetado e onde você funciona melhor, você será capaz de ser mais seletivo e criterioso em sua busca por um trabalho que seja importante para você. Certifique-se de não se contentar apenas com qualquer nova fonte de renda ou trabalho de meio período. Estou feliz que meus pais me convenceram a não trabalhar em um supermercado! Você pode se encontrar dizendo muitos nãos antes de dizer sim para uma nova oportunidade. Tente uma vocação que realmente signifique algo para você e incorpore as características únicas que Deus projetou em você.

Expanda seu Network

Você conhece alguém que esteja fazendo o que você espera fazer um dia? Há alguém no seu bairro que tenha o emprego dos seus sonhos, ou há alguém do outro lado do país que seja bem conhecido e profissional no que você quer fazer um dia? Você aumenta sua probabilidade de encontrar o trabalho dos sonhos ou começar uma segunda fonte de renda pela qual é apaixonado, quando se cerca de pessoas que já estão fazendo isso.

Quando comecei a trabalhar no meu segundo trabalho, me conectei com dezenas de homens e mulheres que estavam fazendo um trabalho semelhante. Enviei e-mails para pessoas, encontrei algumas pessoas para almoçar, passei um tempo em chamadas de vídeo e fiz tudo o que pude apenas para passar alguns minutos colhendo instruções dessas pessoas. Esses homens e mulheres não só foram extremamente encorajadores para mim, como me deram conselhos, me mostraram o que eu estava fazendo de errado e até me conectaram com outras pessoas na indústria.

Com a tecnologia, temos a capacidade de perceber e nos conectar com as pessoas que já estão fazendo o que amamos fazer. Saia da sua zona de conforto e peça a alguém para tomar um café, almoçar ou se conectar por alguns minutos online. Eu gosto de usar a carta do "Oi, eu sou um jovem que está começando a carreira" quando envio um e-mail para alguém pedindo conselhos. Mesmo com qualificações, experiência, conhecimento e paixão, não há substituto para relacionamentos. Faça disso uma prioridade, mesmo que você não esteja procurando mudança em sua carreira ou começar uma nova fonte de renda. Conecte-se com outros homens e mulheres que estão fazendo um trabalho semelhante ao seu. É muito mais fácil do que você pensa e você nunca sabe o que vai ganhar com essas conversas.

Comece Pequeno

Truett Cathy, fundadora do Chick-fil-A, costumava dizer: "Você não pode ter sucesso se não começar".[1] Muitas pessoas querem os frutos do trabalho sem fazer o trabalho.

Não é que as pessoas tem medo de fazer o trabalho, mas sim que não tem certeza de onde começar. Ao iniciar uma segunda fonte de renda, muitas vezes há um grande sonho ou objetivo em mente, e como parece quase impossível alcançá-lo, as pessoas simplesmente optam por não começar.

Ao considerar sua segunda fonte de renda, simplesmente começar, é

---

1   Cathy, Truett S. 1989. It's Easier to Succeed Than to Fail. Thomas Nelson, Inc.

a melhor maneira de começar. Quando criei este ministério, não tinha ideia do que estava fazendo, mas continuei dizendo a mim mesmo que vou fazê-lo de qualquer maneira. Dar o primeiro passo é desafiador porque envolve quebrar o medo, assumir riscos e usar alguns de seus próprios recursos.

E a verdade é que a primeira coisa que você criar provavelmente não será algo de que você se orgulhe. Meu professor de empreendedorismo Jim Corman na faculdade costumava nos dizer: "Seu primeiro protótipo deveria ser seu patinho feio; você não vai se orgulhar disso." Quando comecei a criar conteúdo, não estava orgulhoso da qualidade dos meus trabalhos, mas, em vez disso, estava orgulhoso de ter decidido começar. Ninguém é bom em nada na primeira vez, então é fundamental que você comece agora. Quando você lança a primeira versão do seu produto ou serviço, ele deve ser apenas um esboço. Ele não terá todos os recursos e detalhes que você espera que tenha um dia. Se você está envergonhado com os primeiros rascunhos do seu serviço ou produto que está colocando no mercado, saiba que você está indo na direção certa.

A verdade é que você está em um momento único em sua vida agora para buscar um trabalho que realmente importa. À medida que você começa a entender a si mesmo, expandir seu network e começar pequeno, novas oportunidades surgirão para você, você ganhará ideias e clareza sobre a melhor forma de conduzir seu futuro.

Você também pode perceber que, à medida que começa algo novo, pode precisar se tornar mais qualificado nesse comércio. Quando comecei a escrever novos conteúdos com frequência, a falar sobre masculinidade e discipulado bíblicos, decidi que precisava de mais treinamento no meu currículo, então me matriculei em aulas de seminário para me ajudar a construir meu conhecimento e ganhar mais ferramentas para ser mais fiel dentro do trabalho que amo fazer. Você pode precisar fazer algumas aulas noturnas, encontrar alguém para lhe ensinar uma habilidade ou assistir a conteúdo online.

Muitos homens permanecem em empregos que odeiam apenas para

que possam sustentar seus filhos e família, mas como um homem solteiro agora, você não tem esse fardo! Você tem liberdade agora, e tem a chance de trabalhar de forma não convencional, ao contrário de qualquer outra época da sua vida.

Qual é aquele emprego dos sonhos que você sempre quis ter? Como é aquela segunda fonte de renda que você considerou começar em algum momento? Comece hoje e reformule seus anos de solteiro como um novo tipo de busca.

Há muitos homens que usaram sua fase de solteiro para começar algo único e proposital. Meu amigo Ben usou seu tempo extra em seus vinte e poucos anos para começar uma nova igreja na região de Atlanta, onde ele agora é o principal pastor e inspira sua igreja a servir a cidade. Meu amigo Taylor, em seus trinta e poucos anos, usou o tempo extra que tinha além de seu trabalho diário para escrever um livro, que desde então evoluiu para uma coleção de livros. Meu amigo David notou uma paixão que ele tinha pelo café e por ajudar os outros, então aos vinte e quatro anos ele abriu uma cafeteria no centro de sua cidade natal, onde os clientes podem determinar o valor em dólares que pagam por suas bebidas.

Não seja pego na armadilha de trabalhar em um emprego que você odeia durante toda a sua vida adulta, no qual você está contando os minutos até poder se aposentar. Seu momento atual de vida pode ser o melhor cenário para crescer nessa nova aventura. Por mais arriscado que possa parecer tentar e começar algo novo, você está no melhor lugar da sua vida agora como um homem solteiro para correr o risco. Busque um trabalho que realmente importe para você. Entre de cabeça e aprenda, desenvolva e cresça mais em uma profissão que é importante para você. Você nunca sabe como as pequenas coisas que você faz nesta temporada podem ter um retorno de investimento duradouro para você no futuro.

Uma Pergunta

Ao tentar descobrir seus talentos e habilidades, pergunte a si mesmo: "Durante e depois de qual atividade estou mais vivo e energizado?" Ou "No que as outras pessoas dizem que eu sou bom?"

Uma Oração

Senhor, obrigado pela oportunidade que tenho de viver nesta terra durante um momento como este. Oro para que o Senhor me permita usar minha fase de solteiro com sabedoria e me capacite a buscar um trabalho que se alinhe com as habilidades, talentos e paixões que você me deu. Amém.

Capítulo 18

Crie uma comunidade

Na era da ascensão da tecnologia e da capacidade de fazer a maioria das coisas a partir de nossos dispositivos eletrônicos, a necessidade de conversar com alguém cara a cara ao longo do dia diminuiu.

Quando eu morava no centro de uma cidade grande, rapidamente me vi imerso na conveniência que a tecnologia fornecia. Trabalhei oito horas por dia no meu laptop em casa. Eu pedi minhas compras pelo meu telefone. Eu poderia malhar no meu quarto a partir de um vídeo que encontrei online. Eu realmente tinha tudo o que precisava no meu próprio apartamento de 84 metros quadrados.

Tudo, exceto pessoas.

Não demorou muito para eu perceber os efeitos colaterais de uma vida vivida assim. Eu experimentei aumento da ansiedade, fracas habilidades sociais e falta de motivação para o trabalho, pois desfrutava de todas as opções convenientes que tinha ao meu alcance. Eu me vi não aproveitando a vida como antes e até mesmo voltando aos pecados que eu achava que tinha superado.

As pessoas nos Estados Unidos, por décadas, se orgulharam da independência pessoal e da autossuficiência e de serem capazes de fazer as coisas sem a necessidade de outros em suas vidas, mas um aumento na eficiência e realizações não garante uma vida plena. Na verdade, as pessoas que se isolam apenas para alcançar o próximo sucesso estão destinadas a produzir uma vida de descontentamento, insatisfação e frustração.

Agora, eu não sei sobre você, mas eu gosto de finalizar tarefas. Adoro uma boa lista de tarefas e poucas coisas me trazem maior alegria do que riscar coisas da lista. Mas uma das minhas maiores lutas na vida até hoje é minha inclinação em encerrar conversas para fazer as coisas mais rápido. Fazer isso me levou a aprender da maneira mais difícil que não investir nos outros e não permitir que eles invistam em mim é o caminho mais curto para o burnout. Tenho que dizer a mim mesmo que, em vez de ficar frustrado com interrupções, preciso lembrar que o trabalho que faço e o ministério em que participo é sempre mais frutífero quando estou enraizado na comunidade.

Os seres humanos são projetados para serem criaturas sociais; sabemos disso porque conhecemos nosso Criador. O próprio Deus é uma comunidade; Ele é feito de três pessoas: o Pai, o Filho e o Espírito Santo. Deus é altamente relacional e, à medida que criou os humanos à sua própria imagem, imprimiu a exigência de relacionamentos na vida de todos. Evitar as pessoas e se afastar da comunidade é contrário à maneira como você foi criado para funcionar.

Muitos homens solteiros hoje são extremamente solitários. O que me incomoda é que a maioria desses rapazes gosta de culpar outra pessoa por sua solidão. Você ouve coisas como: "A igreja nunca tem eventos para rapazes da minha idade" ou "Todos os meus amigos estão sempre muito ocupados". Hoje, muitos homens são solitários, mas querem que outra pessoa resolva o seu problema.

Em seus anos de solteiro, você tem uma oportunidade incrível de criar uma comunidade. Na verdade, você terá a necessidade de uma comunidade saudável até deixar esta terra, então sua fase de solteiro lhe dá uma chance impressionante de desenvolver intencionalmente relacionamentos sólidos que durarão a vida toda.

Meu pastor universitário Miles Fidell diz: "Deus projetou o cristianismo para ser relacional".[1] Não há como evitar a comunidade em sua vida. As maiores oportunidades, vitórias, lições e aventuras em sua vida começarão com as pessoas que você tem ao seu redor.

Todo ser humano precisa pertencer, e você também precisa pertencer. Você precisa de rapazes em sua vida que te conheçam, conheçam sua história, seu passado, seus objetivos futuros, suas lutas pelo pecado e conheçam seus gostos e desgostos. Ter homens em sua vida que se importam profundamente com você é fundamental em sua vida como um homem solteiro.

Você precisa de homens em sua vida que vão te desafiar. Em um pequeno grupo recente do qual eu fazia parte, fui convencido de que não estava administrando bem os meus talentos dados por Deus porque tinha medo do que os outros pensavam de mim. Percebi que estava egoisticamente guardando meus dons para mim em vez de desenvolver o reino de Cristo. Eu nunca teria percebido isso se não fosse por um grupo de pessoas me apontando isso. Você precisa de pessoas que o desafiem a ser a melhor versão de si que você pode ser.

Quando você está no cruzamento de muitas decisões que toma na vida, é provável que Deus use as pessoas ao seu redor para comunicar a vontade dele a você. Deus sempre esteve engajado em usar pessoas para se comunicar em seu nome e eu o vi continuar a fazer o mesmo em meio a algumas das maiores decisões que tomei na minha vida.

Você precisa de homens em sua vida que briguem com você. Cada um de nós está passando por algo agora. Um pecado. Um término. Incerteza sobre o futuro. Nunca há um momento em sua vida ou na vida das pessoas ao seu redor em que não estejamos navegando em águas incertas. As pessoas ao seu redor lhe darão novas perspectivas, oferecerão encorajamento, falarão sabiamente e fornecerão conforto para qualquer época de sua vida.

---

1   Fidell, Miles. "I Can't Do This Alone." [Eu não posso fazer isso sozinho]. Sermão na Igreja Auburn Community, em Auburn, AL, 17 de Maio de 2020.

Quando lancei meu primeiro livro, não tinha ideia de que, por trás disso, tinha um amigo fiel orando por mim silenciosamente. Lembrome de quando meu livro foi lançado como eu estava tentado a ter grande orgulho e arrogância, mas de alguma forma, senti um espírito humilde sobre mim que estava ancorado na gratidão ao Senhor. Mais tarde, descobri que esta era a oração do meu amigo que orava em secreto. Eu dou crédito de algumas das minhas maiores vitórias na vida a algumas das orações mais fortes que outras pessoas fizeram por mim.

Se você precisa repensar as pessoas com quem está se cercando agora ou se está percebendo que está faltando uma comunidade frutífera em sua vida, há três coisas que você pode começar a fazer em sua vida agora para criar uma comunidade:

Não Fique no Raso, Vá Fundo

Há sabedoria em se aprofundar com poucas pessoas, em vez de ser raso com muitas pessoas. Cometi esse erro na faculdade quando conheci centenas de pessoas, mas nenhuma delas realmente me conhecia. Embora conhecer muitas pessoas seja valioso e tenha seu lugar, a realidade é que você não pode ser próximo de todos.

Dos doze discípulos que Jesus tinha, ele era mais próximo de três deles—Pedro, Tiago e João. É sensato ter um grupo central de pessoas que o conheçam intimamente. Tenha sua comunidade de alguns rapazes e seja contente. Haverá muitas pessoas em sua vida com as quais você não terá a capacidade de desenvolver relacionamentos profundos, então esteja satisfeito com a intencionalidade que você compartilha entre um pequeno grupo de irmãos. É através desses poucos relacionamentos profundos que você experimenta os grandes frutos da amizade.

Comece com alguns rapazes da sua igreja, um ministério de solteiros da sua região, na sua academia ou seu local de trabalho, comece a ser intencional sobre o amadurecimento de um relacionamento com eles. Se você já tem um grande círculo de amigos, encontre os amigos com quem você pode se aprofundar e seja intencional para crescer e desenvolver esses relacionamentos.

Seja Persistente

A comunidade não acontecerá da noite para o dia. Miles Fidell diz que "o preço da comunidade é o sacrifício do compromisso",[2] então, à medida que você busca estabelecer relacionamentos autênticos e significativos em sua vida, certifique-se de ser gentil consigo mesmo quando não estiver vendo o tipo de comunidade que espera imediatamente.

Muitos homens estão ansiosos por uma comunidade, mas poucos têm coragem de iniciá-la. Seja ousado e seja o rapaz em sua comunidade a tomar a iniciativa de facilitar relacionamentos.

Inicie a comunidade através de pequenos passos e seja paciente à medida que uma nova amizade se intensifica em algo maior no futuro. Continue tentando coisas novas para cultivar a comunidade com os outros. Como estabelecer uma comunidade, prova ser desafiador às vezes, você será tentado a desistir e a viver a vida por conta própria. Lembre-se do valor que os amigos têm em sua vida e de como a comunidade é necessária para você.

Tenha Limites

Não tenha medo de dizer "não" a algumas amizades em sua vida. Pode ser bom para alguns de nós se cortarmos alguns dos amigos que têm muita influência em nossa vida agora. Você se tornará como aqueles que estão por perto. Se as pessoas ao seu redor estão colocando pensamentos, ideias e palavras negativas em sua vida, então você rapidamente será negativo também. Se seus amigos edificam sua vida com palavras de encorajamento, honestidade e trabalho duro, então você provavelmente fará o mesmo.

Lembre-se de que uma amizade é uma via de mão dupla, o que

---

2 Ibidem.

significa que você precisa de um amigo com quem possa se comunicar autenticamente e que você permita ele fazer o mesmo com você. Se você não sente o compromisso de alguém, não há problema em seguir em frente e encontrar outra pessoa com quem possa ir mais fundo.

Quando senti o Senhor me chamar para começar o seminário há alguns anos, comecei a estabelecer minha comunidade e network conectando-me online com líderes de negócios e ministérios na região. Eu entrava em contato com algumas pessoas nas redes sociais, explicava a eles que eu tinha vinte e cinco anos e estava prestes a me mudar para a cidade deles e queria ouvir alguns conselhos ou a sabedoria deles sobre com o que me envolver nesta nova cidade. Antes que eu percebesse, eu estava entrando em chamadas de vídeo com pessoas por toda a cidade. Cada um deles começou a me conectar com outros homens e mulheres na região. Dentro de um mês, depois de me mudar para lá, tive dezenas de relacionamentos com adultos locais com quem eu pude contar para obter apoio, fazer perguntas e pedir conselhos. Seja criativo em como você forma novos relacionamentos e não acredite na mentira de que as pessoas não querem se conectar com você.

Muitas pessoas se arrependem de não ter amizades que trazem vida para suas vidas, mas nunca ouvi alguém reclamar de ter uma comunidade significativa. Você está no comando da comunidade em sua vida. Se você se casar um dia, continuará tendo a responsabilidade de iniciar a comunidade dentro de sua família e para sua família, então é melhor começar a desenvolver essa habilidade agora como um homem solteiro.

Uma Pergunta

Quem tem a voz mais alta na sua vida? Eles estão apontando você para a santidade e a se tornar mais como Cristo? Eles te conhecem, te desafiam e lutam com você?

Uma Oração

Deus, eu entendo que você me criou para precisar de comunidade. Reconheço que cresço melhor em comunidade e que, através de outras pessoas, eu posso encontrar aqui a sua vontade e receber sua orientação. Ajude-me a ser ousado em criar uma comunidade durante esta fase da minha vida e me ensine a ir fundo com um pequeno grupo de homens. Obrigado por me sustentar dessa maneira. Amém.

Capítulo 19

Desenvolva a liderança

IÉ fácil ler a palavra liderança e pensar que ela é irrelevante ou inaplicável às nossas vidas. A liderança é para o presidente da empresa ou para o pastor da igreja, certo? Mas como meu pai gosta de dizer, "Todo mundo está sempre liderando pelo menos uma pessoa. A si próprio!"

A verdade é que você é um líder. E todo líder deve crescer em seu caráter e em sua competência ao longo de sua vida. Veja, nenhum líder sabe tudo, mas muitos líderes realmente gastaram intencionalmente tempo e dinheiro no desenvolvimento de quem eles são como líderes.

Desenvolver o líder dentro de você é uma tarefa muito importante a se fazer. Na verdade, eu diria que não é uma tarefa que você pode se dar o luxo de negligenciar! Se você está liderando apenas a si mesmo ou multidões de pessoas, dedicar um tempo para se desenvolver como líder beneficiará a todos.

Desenvolver-se como líder também é importante porque se você for abençoado com uma esposa um dia, terá a oportunidade de liderá-la. E se você tiver filhos, você será a pessoa que lidera sua família. Deus projetou especificamente o casamento para o homem ser o cabeça e este não é um dever que pode ser tomado levianamente ou passivamente.

É interessante ver como as coisas são poderosas quando são feitas do jeito de Deus. O poder e a influência que um homem tem sobre sua família é impressionante. Uma pesquisa descobriu que, se uma criança é a primeira pessoa em uma casa a se tornar cristã, há uma probabilidade de 3,5% de que todos os outros na casa o sigam. Se a mãe for a primeira a se tornar cristã, há uma probabilidade de 17% de que todos os outros na casa a seguirão. No entanto, quando o pai é o primeiro, há uma probabilidade de 93% de que todos os outros na casa o sigam.[1] O papel de um pai em uma família é fundamental e liderar bem sua família é importante.

Começar a desenvolver sua liderança agora enquanto você está solteiro irá ajudá-lo a estar mais preparado e equipado para os níveis mais desafiadores de liderança no futuro.

É sempre engraçado para mim como eu acho que sou a melhor pessoa para me liderar. Aqui estou eu tentando liderar a pessoa mais difícil e teimosa da minha vida, mas eu tento fazer isso sozinho. Tentar me guiar é como tentar dirigir de um lado do país para o outro, mas não se preocupar em usar o GPS e, em vez disso, confiar no meu próprio conhecimento.

John Maxwell diz: "É difícil melhorar quando você não tem ninguém além de si mesmo para seguir."[2] Quando confiamos apenas em nós mesmos, limitamos o potencial que temos. Quando usamos apenas nós mesmos para o conhecimento que recebemos, o único resultado que colhemos é o que sabemos.

Existe um ditado estadunidense que diz, mais coisas são aprendidas observando do que ao serem ensinadas, o que significa que as pessoas tendem a aprender mais através da observação dos outros, em vez do conhecimento forçosamente ensinado a elas. Eu descobri que isso é profundamente verdadeiro na minha vida. Uma das melhores maneiras de crescer em sua liderança é estabelecer modelos que possam orientá-lo e aconselhá-lo. A verdade é que, não importa onde

---

1   Horner, Bob, Ron Ralston, and David Sunde. 1996. The Promise Keeper at Work. Focus on the Family Publishing.
2   Maxwell, John C. The 15 Invaluable Laws of Growth: Live Them and Reach Your Potential. (New York: Center Street, 2014).

você esteja procurando crescer, você precisa de pessoas para seguir. Modelos são aqueles que inspirarão, guiarão e corrigirão seu caminho à medida que você começar a navegar nas fases futuras de sua vida.

Quando percebi que todo o conhecimento que eu tinha da faculdade só me levaria tão longe na vida, decidi que precisava começar a observar alguns homens que estavam fazendo o que eu queria fazer um dia. Em 2020, me tornei um especialista em seguir alguns dos maiores líderes em diferentes indústrias. Eu aprendi lições desses homens e observei tudo o que havia para observar de cada um deles. Quando comecei a seguir pessoas de alto calibre, aprender as lições que estavam ensinando e implementar os hábitos que pregavam, comecei a ver minha vida decolar.

Todo homem precisa de mestres e mentores em sua vida para ajudar sua liderança a crescer.

Mestres

Encontrar mestres em sua vida significa se colocar perto das pessoas que estão vivendo o emprego dos seus sonhos. Às vezes, essas pessoas podem ser bem conhecidas em nossa cultura, mas muitas vezes não são. Estes são os homens que estão fazendo o que você quer fazer um dia. Esses homens estão no emprego dos seus sonhos, na empresa dos sonhos, na carreira dos sonhos e são profundamente apaixonados e focados no que estão fazendo.

Você nem precisa conhecer pessoalmente os mestres para aprender com eles. Muitas vezes, hoje em dia, há recursos sobre essas pessoas, como livros, cursos online, podcasts, artigos e entrevistas para você aproveitar.

Consumir conteúdo e passar tempo com mestres me levou a alguns dos meus maiores sucessos na minha vida até agora. Como um jovem, é fácil ficar desanimado quando outros da minha idade não estão fazendo o que estou fazendo e estão perseguindo as coisas erradas durante seus anos de solteiro, mas ficar ligado à missão e aos objetivos da minha vida através da inspiração de líderes eficazes é um ingrediente-chave para eu me manter no curso.

Mentores

Mentores são os homens que podem regularmente, intencionalmente e diligentemente, acrescentar em sua vida. Esses homens podem não estar no emprego dos seus sonhos ou na sua indústria preferida, mas certamente ajuda se estiverem. Estes são os homens em suas comunidades locais que são fiéis em sua caminhada com o Senhor, diligentes em liderar suas próprias famílias e estão demonstrando eficácia e satisfação no local de trabalho.

Esses homens são os que se sentam com você várias vezes por ano para fornecer conselhos espirituais, profissionais e relacionais. Eles ajudarão você a definir metas, empurrá-lo para fora da sua zona de conforto e ajudarão a revelar quaisquer pontos cegos que você possa ter. Nenhum homem está imune à necessidade de alguém assim em sua vida.

Na minha experiência, a melhor maneira de encontrar esses mentores é na sua igreja local. Entre em contato com a equipe da sua igreja e pergunte se eles sabem de algum homem mais velho experiente, que possa estar disposto a discipular e liderar outro jovem.

Há uma ilusão em nossa cultura e na igreja de que não há ninguém disponível para orientar indivíduos porque todos estão muito ocupados. A verdade é que há muitos homens mais velhos por aí que estão procurando investir na vida de alguém mais jovem do que eles e simplesmente não sabem em quem investir!

O próximo passo para encontrar essa pessoa em sua vida é você tomar a iniciativa. Muitas pessoas esperam que um mentor pergunte se gostariam de ser seus discípulos, mas você precisa dar o primeiro passo e pedir a alguém para orientá-lo.

Como o homem responsável por dirigir a sua vida, é sua responsabilidade se direcionar para pessoas que possam ajudar sua liderança a crescer. Há muitas pessoas que deixam a vida acontecer e também há as pessoas bem-sucedidas que "fazem a vida acontecer" controlando as fontes que alimentam suas mentes. Você tem uma escolha sobre as vozes que você costuma ouvir e é meu desafio para você buscar de forma ativa e diligente essas vozes que podem ajudá-lo a viver e levar uma vida mais significativa.

Na fase de solteiro em que você está agora, você deve desenvolver sua liderança. Você tem uma oportunidade incrível de estabelecer relacionamentos saudáveis e propositais com homens de Deus. Colocar esses relacionamentos hoje como parte de sua vida o ajudará a continuar esse hábito vital pelo resto dela. Você sempre precisará dos mestres e mentores, não importa quando ou se você se case, quão bem-sucedido você se torne ou quanto dinheiro você tenha.

À medida que você inicia e aborda esses relacionamentos em sua vida, tenha em mente que as pessoas que estão investindo em você também são humanos e cometerão erros. A perfeição não é encontrada em nenhum ser humano e esperar que as pessoas em sua vida não estejam sujeitas a erros, é o caminho para a decepção. Tenha graça com os outros, mesmo com aqueles que você mais respeita.

Conforme tentei crescer como líder, descobri que o melhor modelo é o homem Jesus, que passou trinta anos no planeta Terra há quase dois mil anos. Com a abundância de registros que temos de sua vida, há inúmeras lições a serem observadas em suas ações, palavras e relacionamentos com os outros. Embora Jesus não esteja mais na terra fisicamente, temos acesso a Ele através da oração e da leitura dos relatos sobre sua vida documentados nas Escrituras.

O que é ótimo em definir Jesus como seu modelo número um é que Ele é o melhor mentor porque Ele criou você e conhece os planos que tem para cada dia do seu futuro. Ele lhe deu o melhor conselho ao longo de toda a Bíblia e Ele te ama profundamente mais do que qualquer outro ser humano.

À medida que seu relacionamento com Jesus se torna mais fortalecido e cresce, seus relacionamentos com outros homens de Deus se tornarão mais significativos e cheios de propósito. A melhor maneira de ter uma orientação bem-sucedida com esses homens é permitir-se ser orientado por Jesus Cristo, primeira e unicamente, e permitir que Ele lhe ensine as melhores lições de liderança, revele seu propósito para a sua vida e mostre seu amor por você para encorajá-lo enquanto se esforça para buscar o que mais importa.

Uma Pergunta

Quais são seus desejos e aspirações futuras para uma carreira? Quem você pode ler sobre, ouvir sobre ou entrevistar, que viveu o emprego dos seus sonhos ou está fazendo isso atualmente?

Uma Oração

Senhor, obrigado pela capacidade que tenho de crescer e mudar. Por favor, me ajude a conectar-me com os homens certos que serão capazes de me liderar, pastorear e guiar na minha fase atual. Ajude-me a receber a verdade desses homens e administrar bem o conselho deles. Amém.

Capítulo 20

Compartilhe o Evangelho

Sou grato por ser cristão há mais de dez anos. Quando reflito sobre minha relação pessoal com Jesus, e o que essa relação fez por mim, sou rapidamente invadido por gratidão e alegria por todo o conforto, segurança e paz que Cristo me traz.

Quando olhamos para o mundo, a maioria das pessoas, de maneira global, não tem a mesma esperança. Foi nos últimos dois anos que Deus começou a trabalhar em meu coração para cultivar um coração de compaixão pelas pessoas em nosso mundo que não acreditam em Jesus Cristo como rei.

É fácil pensar que é dever de um missionário compartilhar o evangelho. De certa forma, isso é verdade, mas não é apenas o missionário que recebe essa responsabilidade. Todas as pessoas que acreditam em Jesus Cristo como seu Senhor e Salvador recebem a tarefa de compartilhar com os outros a esperança que possuem.

John Piper diz assim: "As missões existem porque a adoração não existe."[1] Os cristãos deveriam estar tão cheios de admiração por Deus, que naturalmente compartilham a maravilha e o amor do evangelho com aqueles ao seu redor. Na verdade, um sinal de que você está crescendo em sua proximidade e intimidade com o Senhor, e em seu

---

[1] Piper, John. Alegrem-se os Povos! (Grand Rapids: Baker Academic, 2023).

amor por Ele, pode se refletir na maneira como você compartilha o evangelho com os outros.

Eu vivi a maior parte da minha vida cristã com medo de compartilhar as boas notícias com alguém. Um dia eu estava fazendo uma trilha com um amigo quando ele me convenceu profundamente de que não compartilhar do evangelho, significava que não eu acreditava que o evangelho era verdadeiro ou que eu realmente não amava meus vizinhos o suficiente para compartilhar o evangelho com eles. Uau! Ele estava certo. Como passei horas e horas construindo e me aprofundando em meu relacionamento com Deus nos últimos anos, tem sido incrível ver como compartilhar do evangelho pode se tornar natural.

Compartilhar o evangelho é um ato de obediência para um cristão, mas esse ato é muito mais do que apenas um mero ato de obrigação. Compartilhar o evangelho nos desafia de uma maneira que nos torna verdadeiramente dependentes de Deus. Às vezes, quando compartilho o evangelho com os outros, não sei o que dizer e, em desespero, confio no Espírito Santo para me dar as melhores palavras (veja Lucas 12.11-12). Compartilhar essa esperança com os outros também ajuda a reafirmar nossas crenças e nos desafia a entender melhor Deus e sua Palavra.

Estar solteiro lhe dá uma oportunidade incrível de compartilhar o que você acredita com os outros. Deus usou homens e mulheres solteiros por séculos de maneira poderosa para expandir o seu reino. Compartilhar o evangelho requer tempo e disponibilidade, o que você provavelmente tem como solteiro.

Quero desafiá-lo a aproveitar seus anos de solteiro como uma plataforma para compartilhar o evangelho com os outros. Comece construindo relacionamentos com não crentes e aproveite a confiança e o relacionamento que você construir como um caminho para compartilhar sobre Jesus.

Ao se preparar para fazer isso, acho que você pode descobrir que, com um pouco de criatividade, pode criar uma chance importante para compartilhar a esperança que possui. Aqui estão três coisas que você pode fazer esta semana:

Abra Sua Casa

Se você mora em uma república, apartamento ou casa, Deus lhe deu um lugar onde você pode promover reuniões. Você não precisa de um lugar grande, apenas uma sala com algumas cadeiras e uma mesa é o suficiente. Compartilhar o evangelho é sobre criar espaços onde conversas centradas no evangelho possam ocorrer. Quando você convida descrentes para sua casa, você cria uma oportunidade de compartilhar o evangelho. Até trazer pessoas para sua casa para construir um relacionamento com elas é uma vitória.

Tente abrir a sua casa para essas reuniões de forma consistente. Você poderia receber pessoas para uma noite de jogos toda segunda-feira? Ou que tal uma Noite de Waffle na primeira quarta-feira de cada mês? Você poderia abrir sua casa para assistir a jogos de futebol aos sábados ou domingos. A ideia é encontrar uma maneira de criar uma rotina conhecida para o descrente saber quando ele pode ir à sua casa.

Reorganize Sua Rotina

No nosso mundo atual, é muito fácil passar o dia todo com o mínimo de contato humano. Isso tem conveniências, mas infelizmente, essas conveniências eliminam nossa oportunidade de nos envolvermos com o mundo perdido. Você pode tentar encontrar maneiras em suas tarefas do dia-a-dia para iniciar uma conversa com as pessoas?

Para mim, uma maneira de fazer isso foi usar o caixa normal do supermercado ao invés de usar o autoatendimento, para que eu pudesse falar com o operador de caixa. Talvez possa ser, pagar pela gasolina dentro da loja de conveniência ao invés de pagar de dentro do carro ou ainda ir pagar pessoalmente suas contas. Encontrar maneiras de entrar em contato com pessoas com a esperança de construir um relacionamento e compartilhar o evangelho trará intencionalidade em sua vida. Você está pronto para o desafio?

Cuide dos não-crentes

À medida que você pensa em construir novos relacionamentos com descrentes no ambiente em que vive, você aprofunda seus relacionamentos com essas pessoas estendendo o cuidado. Uma maneira de mostrar amor por amigos perdidos é orando por eles com frequência. Ore pela salvação deles e para que seus corações estejam desesperados por um Salvador e para que eles morram para seu próprio orgulho um dia e se submetam a Cristo. Além da oração, você também pode servir aos descrentes em sua vida. Você poderia levar uma refeição para a casa do seu amigo? Que tal enviar algum dinheiro para eles no Pix para um café? Ou se oferecer para fazer algum tipo de trabalho doméstico ou no jardim deles. A esperança é que seus amigos incrédulos percebam o amor de Cristo brilhando através de você e, eventualmente, perguntem sobre a esperança que você tem.

Discipular os outros exige intencionalidade. Isso não acontece por si só e não acontecerá naturalmente mais tarde em sua vida. Compartilhar o evangelho com os outros e fazer discípulos de Cristo começa com você sendo fiel com os pequenos recursos que Deus lhe deu e aproveitando-os em conversas sobre o evangelho. Se você quer que sua fé cresça, desafie-se a ter conversas espirituais com as pessoas.

Fui inspirado por como alguns dos meus amigos tentam viver missionalmente e compartilhar o evangelho à medida que se relacionam. Meu amigo Eli usou seus anos de solteiro para tirar dois dias por mês para andar pelo campus de sua faculdade e iniciar conversas espirituais com outras pessoas. Meu amigo Syler começou as noites de taco em seu (pequeno) apartamento da faculdade para conhecer mais seus vizinhos. Meu amigo Jonathan faz questão de iniciar conversas na sauna de sua academia, já que os homens de lá geralmente estão dispostos a sentar e conversar. E meu amigo Christian não tem vergonha de caminhar até as pessoas nas ruas no domingo de manhã, convidando-as para sua igreja no fim da rua.

Eu costumava ficar muito intimidado com o que os outros pensariam de mim se eu começasse a falar sobre espiritualidade com alguém. Percebi que as pessoas não são tão hostis em relação ao evangelho como muitas vezes presumi que fossem. Percebi que as pessoas precisam desesperadamente de direção, sabedoria e esperança em suas vidas, e provavelmente já aprenderam que as coisas do mundo não podem fornecer a esperança pela qual anseiam profundamente. Ter essas conversas reforçou minha fé e me deu energia e paixão por Jesus Cristo como eu nunca tinha visto antes.

Seja ousado e faça questão de usar seus anos de solteiro para criar, intencionalmente, oportunidades para compartilhar o evangelho com os outros!

Uma Pergunta

Quais são algumas maneiras de sacrificar o que é conveniente para poder iniciar uma conversa com alguém?

Uma Oração

Senhor, obrigado por ter confiado a mim suas boas notícias. Percebo que perdi oportunidades de compartilhar o evangelho com os outros no passado, estou pedindo que você me dê um espírito de confiança para me envolver com os outros. Ajude-me a ser ousado em compartilhar a esperança que possuo. Amém

Capítulo 21

Aproveite e explore

Espero que você esteja se animando em assumir a responsabilidade total da vida de solteiro. A fase de solteiro pode ser divertida e também pode ser uma plataforma para um crescimento enorme em sua vida.

Se você é como eu e a maioria dos homens, você está pronto para resolver o problema. Você está pronto para enfrentar alguns dos problemas que vê em sua própria vida e começar a assumir o comando da fase de vida em que Deus o colocou. Isso é ótimo!

Se apropriar da sua fase de solteiro exige intencionalidade e coragem, mas eu não quero que você se torne tão consumido em ver resultados de satisfação e mudança de vida que você se esqueça de realmente de aproveitar esta fase de vida em que Deus o colocou. Meu pai me disse uma vez: "Qualquer época da vida é divertida se você a tornar divertida". Essas palavras simples ficaram comigo e foram motivação para eu tirar um tempo para realmente aproveitar as fases da vida em que Deus me colocou.

Deus presenteou os seres humanos com a capacidade de aproveitar a vida. Mesmo em um planeta pecaminoso e quebrado, Deus ainda deseja que os seres humanos encontrem alegria e prazer e devemos fazer questão de desfrutar desse presente.

A fase de solteiro lhe dá a oportunidade de fazer coisas na vida que outras fases não permitem. Nove anos atrás, quando eu estava elaborando minha declaração de missão pessoal, certifiquei-me de incluir a palavra explorar porque queria enfatizar que meus anos de solteiro seriam preenchidos com a exploração de lugares novos. Explorar é uma das grandes coisas que estar solteiro permite que você faça.

Como solteiro, fiz duas viagens de um mês à Europa, onde tive o privilégio de conhecer mais de vinte países. Estive em uma dúzia de outros países ao redor do mundo em viagens missionárias, viagens de negócios e férias, fazendo com que meu número de países visitados seja de trinta e cinco até o momento. Eu me diverti muito fazendo longas viagens pelos EUA com amigos e sozinho, aproveitei alguns dos pontos turísticos mais incríveis do país.

Como um rapaz solteiro, você tem a oportunidade de começar e experimentar novos hobbies em sua vida também. Quando eu tinha vinte e seis anos, comprei minha primeira casa e comecei a reformá-la e fazer algumas melhorias nela. Foi desafiador, mas ao fazer isso aprendi muito sobre casas, ferramentas, decorações e em qual corredor está o tubo de PVC na loja de construção Home Depot. Eu também comecei CrossFit e levantamento de peso, fabricação de sabão, uma marca de roupas online, comecei a escrever e muitas outras coisas. A fase de solteiro nos dá tantas oportunidades de fazer coisas novas.

Agora, eu não quero que você apenas faça um monte de atividades aleatórias apenas por fazer. Em vez disso, encontre algo que você realmente goste de fazer e faça! Posso garantir que, quando comecei a fazer sabão, pensei que essa seria a próxima ideia para um grande negócio, mas não era um grande fã de todas as medições e métodos meticulosos que eram necessários no processo de fabricação de sabão. Eu encorajo você a tentar muitas coisas diferentes, mas apenas fique com os hobbies que você ama.

Procure encontrar maneiras de aproveitar intencionalmente sua vida de solteiro. Desfrutar da fase de solteiro ajuda você a se contentar com onde você está na vida e ajuda a eliminar a tentação de comparar sua vida com a dos outros. Desfrutar de onde você está agora também mostra a Deus que você está honrando os dons que Ele lhe deu e também está disposto a multiplicar o que Ele lhe confiou.

Assuma esta fase com propriedade. Mostre a Deus que você é grato por onde Ele o colocou divinamente na vida. Mostre a Deus que você está disposto a sair da sua zona de conforto e morrer para o seu próprio orgulho na tentativa de honrá-lo com as coisas com as quais Ele o abençoou. Seja criativo e explore e aproveite sua vida de solteiro!

Uma Pergunta
O que você pode fazer para aproveitar esta fase da vida em que Deus o colocou?

Uma Oração
Senhor, obrigado pelo presente de aproveitar a vida. Eu oro para que nesta fase que estou agora, eu não tenha vergonha de aproveitar. Ajude-me a equilibrar disciplinas e crescimento pessoal, ao mesmo tempo que eu tenha tempo para explorar lugares e aproveitar meus anos de solteiro. Amém.

Capítulo 22

Busque em Oração

Foi no primeiro mês da pandemia nos Estados Unidos que percebi a oportunidade de buscar meu futuro através da oração. Eu cresci orando, mas a maioria das minhas orações consistia em pedir a Deus (ou dizer a Ele) para abençoar os nuggets que eu estava prestes a comer ou para me ajudar a obter um 10 em uma prova que eu não estava preparado para fazer. Orar diligentemente sobre o meu futuro era estranho para mim, mas é algo que continuo a fazer até hoje.

Um dos valores pessoais que tento viver todos os dias é ser proativo em vez de reativo. Ser proativo é pensar, planejar e se envolver com antecedência para que você possa estar preparado ao máximo antes que algo aconteça. Por outro lado, ser reativo envolve resolver problemas, questões e dilemas depois que eles ocorrem; é reagir ao que quer que aconteça. À medida que tento ser um bom administrador do tempo, da energia e do dinheiro que Deus me deu, achei muito mais benéfico ser proativo.

Em sua fase de solteiro, você tem a oportunidade única de se preparar para o seu futuro através da oração. Como você entende que não estará na fase da vida em que está agora para sempre, você pode começar a se preparar para sua próxima fase através dos meios de oração. À medida que você permanece enraizado onde Deus o tem agora e permanece fiel às lições que Ele está lhe ensinando, olhar para o seu futuro através da oração é uma das melhores maneiras de aproximar-se dele.

No meu livro The Prayerful Pursuit, escrevo sobre as quatro razões pelas quais você deve considerar integrar o hábito da oração em sua vida diária. Considere isso enquanto você busca integrar esse ingrediente-chave em sua vida.

Primeiro você deve orar porque somos ordenados a orar nas Escrituras. Segundo, a oração testa nossa fé em Deus e nos ajuda a confiar nele. Em seguida, a oração desbloqueia o plano de Deus para sua vida, pois cada dia de sua vida já foi planejado por Ele; ao orar, você traz a vontade de Deus para sua vida. Por último, deve-se adotar a oração em sua vida porque ela ancora seu relacionamento com Deus e lembra o quão dependente e necessitado dele você realmente é.

Conforme você começa a entender o propósito da oração, você verá o significado da oração se desdobrar em sua vida também. Por muitos dos meus anos de solteiro, eu não vi valor em orar até começar a entender os propósitos por trás da oração. À medida que comecei a ver os propósitos por trás da oração, minhas orações mudaram e elas mudaram muito das minhas orações tradicionais, secas e rotineiras para orações novas, criativas e ousadas sobre a minha vida.

Como homem solteiro, você tem uma oportunidade incrível de construir o hábito da oração em sua vida e ver os frutos que provêm dos diferentes propósitos da oração. Você tem controle sobre as horas do seu dia, então você é capaz de integrar conversas significativas com o Senhor que aprofundarão seu relacionamento com Ele. Orar é essencial, não importa em que época da vida você se encontre, mas em seus anos solteiros, você tem mais controle do seu tempo e capacidade de orar com mais frequência.

Uma das melhores maneiras de orar é através de uma passagem específica nas Escrituras. As palavras de Deus ajudam você a organizar seus pensamentos e adicionar clareza ao que você deve pedir a Deus. Mesmo que cada versículo da Bíblia não seja uma promessa para você especificamente, como pode ter sido para quem foi escrito, as Escrituras estão cheias de lembretes do que seus filhos podem pedir ao

Bom Pai. Ao passar seu tempo diário sozinho com o Senhor, encontre um versículo em Sua Palavra que você possa começar a orar sobre sua vida. Se você não tem certeza por onde começar, o livro dos Salmos oferece uma grande variedade de louvores, súplicas e orações a Deus que você pode começar a adotar e falar em sua vida.

Quando comecei a descobrir o significado que a oração tinha na minha vida, fiz orações que nunca havia feito antes. Acho que Deus permitiu que muitos homens solteiros fossem solteiros para que pudessem buscar o que é bom através dos meios da oração. À medida que você começa a reformular sua fase de solteiro como um momento para orar de forma não convencional, você pode pensar nessas três áreas diferentes de sua vida para orar.

Orações para Si Mesmo

Antes que você possa liderar outros, você deve ser capaz de liderar a si mesmo. Para ajudar os outros a encontrar liberdade em suas próprias vidas, você precisa encontrar a liberdade na sua. Passei grande parte da minha vida de solteiro pedindo a Deus que me examinasse, me refinasse e me moldasse para que eu pudesse atingir o meu maior potencial na minha temporada atual.

Alguns dos pedidos que você pode pedir a Deus durante esta época são:

- Para operar a partir de sua verdadeira identidade encontrada em Jesus (Rm 8.15);
- Por uma comunidade de irmãos onde possa prestar contas e ser aconselhado sobre seus pecados (Tiago 5.16);
- Pela sabedoria enquanto você enfrenta decisões desafiadoras (Ef 5.15-17);
- Para que o Espírito Santo torne conhecido qualquer caminho pecaminoso dentro de você (Salmos 139.23);
- Para cultivar um espírito contínuo de gratidão (Salmos 7.17);
- Para descobrir e usar fielmente seus dons espirituais (Romanos 12.4-6).

Orações por Outros

Alguém me disse uma vez que a coisa mais gentil que você pode fazer por alguém é orar por eles. Em sua vida agora, você tem espaço para elevar os outros ao Senhor e interceder em nome deles. Você tem amigos que estão precisando agora? Você conhece alguém que está passando por um momento estressante ou alguém que não tem seguido o Senhor tanto quanto você esperava? Quando parece que você não tem as palavras certas para oferecer a alguém em tempos desafiadores ou quando parece que alguém não vai ouvir nada do que você disser, a melhor coisa que você pode fazer é orar por essa pessoa.

No mundo cristão, é muito fácil dizer "Estarei orando por você" para alguém que sabemos que precisa, mas com a oração, não é a intenção que conta. Seus amigos e familiares precisam que você esteja lutando de joelhos em oração por eles. Mesmo que você saiba que eles não estão orando por você, fazer pedidos ao Senhor em nome deles é uma das maneiras mais auto-sacrificantes de dar e servir a outra pessoa. Seus amigos precisam de suas orações e você precisa das orações deles, e simplesmente não há substituto para isso. Talvez Deus tenha planejado que o divisor de águas de seu amigo esteja do outro lado de suas orações diligentes.

Orações por Ela e pelo Casamento

Embora haja homens que permaneçam solteiros durante toda suas vidas, muitos homens acabarão se casando um dia. Em preparação para esta fase que muitos de nós sabemos que está à frente, você deve começar a orar por sua futura esposa e por seu casamento.

Se é a vontade de Deus para você se casar, sua esposa provavelmente está andando em algum lugar do mundo. Isso é uma reflexão maluca! Por que não começar a orar pela vida dela hoje? Você não precisa esperar até se casar ou até conhecê-la para começar a orar por ela. Certamente, ela está enfrentando alguns dos mesmos desafios que você está enfrentando hoje e ela poderia usar orações de seu futuro marido.

As novas fases da vida chegarão quando você começar a namorar e se perguntar qual deve ser a linha do tempo desse relacionamento e quando você deve avançar para o casamento. Certamente a fase chegará, quando você se casar, você enfrentará desafios em sua vida que nunca enfrentou antes. Ter filhos, comprar uma casa e crescer em sua carreira são grandes possibilidades no horizonte da sua vida e, na minha opinião, o melhor momento para orar por esses eventos é agora, antes que eles aconteçam. Passe algum tempo pensando nas fases futuras que são possíveis na vida e peça ao Senhor que abençoe o tempo que está por vir.

Quando escrevi o livro The Prayerful Pursuit, cada uma das setenta e cinco orações exclusivas surgiu das próprias orações que eu estava fazendo sobre minha própria vida. Por vários meses, Deus estava me mostrando diferentes versículos para orar sobre minha própria vida, a vida da minha futura esposa e as futuras fases da vida que eu possa ter. Eu o encorajaria fortemente a criar um diário especificamente para suas orações e começar a escrever alguns dos pedidos que você faz a Deus. É impressionante olhar para trás no meu diário de oração de apenas alguns anos atrás e já ver os frutos que vieram dessas orações. À medida que você enumera as bênçãos que recebe em sua vida como respostas às orações que faz a Deus, você não apenas fortalecerá sua própria fé, mas trará a Deus a maior glória que Ele merece através de louvor e ação de graças.

Conforme você permanece enraizado e totalmente presente na fase da vida em que Deus o tem agora, você ainda sabe que seu futuro está chegando a cada dia que passa. Buscar o seu futuro em oração é uma das maiores oportunidades que Deus permite durante esta fase de solteiro. Embora nunca tenhamos garantia do nosso futuro, administramos o tempo que Deus nos deu e pode nos dar através dos meios da oração.

Uma Pergunta
Por quais amigos ou familiares você pode se dedicar a orar?

Uma Oração
Senhor, obrigado pela oportunidade de vir diante de Ti e apresentar meus pedidos. Deus, peço que me ajude a cultivar uma vida marcada pela oração. Que eu seja o homem que ora primeiro, antes de todas as coisas, e me inspire a fazer orações ousadas, criativa e justas? Amém

PARTE QUATRO
Corteje com Sabedoria

Capítulo 23

O que é essa coisa toda de cortejar alguém?

Toda a sua vida é uma grande busca

Para o homem cristão, nossas vidas são orquestradas em torno do cultivo e da busca de uma vida de santidade e intimidade com nosso Senhor. Essa é a nossa busca. Isso pode ser diferente para cada pessoa. Como cada homem é criado de forma diferente e tem seus próprios pecados e lutas, buscar a Deus no contexto do quebrantamento de um homem será um pouco diferente para cada um. Mas, no fim das contas, a vida de um cristão é lindamente centrada em buscar Jesus na vida cotidiana mundana e buscar alinhar nossa vontade com a de Deus.

Quando se trata de ter um relacionamento com uma mulher, um homem cristão deve fazer questão de continuar a buscar Deus com todo o seu coração antes e durante um relacionamento. É por isso que a busca de Deus durante nossos anos de solteiro é tão importante. Se você não sabe como buscar a Deus agora como um rapaz solteiro, então você vai lutar para incluir Deus em seu casamento. Nossos anos de solteiro devem ser caracterizados por uma vida comprometida com o Senhor. Essa fase deve ser uma busca preenchida por Ele.

Como muitos homens não são, de fato, chamados a uma vida de solteiro e desejam um dia estar em um relacionamento com uma mulher, eles tem muitas perguntas genuínas ao considerar iniciar um relacionamento:

- Eu sou chamado para o casamento?
- Eu estou pronto para um relacionamento?
- A vontade de Deus é que eu me case com uma mulher?
- É a vontade de Deus que eu me case com aquela mulher?
- E se a vontade de Deus for que eu me case com aquela outra mulher?

Aqui está o ponto: não importa o quão assustadoras e consequentes essas perguntas possam ser, a resposta virá à medida que você entra de cabeça na fase de vida que Deus o colocou como um homem solteiro. Se você fez a maior parte do que este livro sugeriu, encontrar as respostas para algumas dessas perguntas deve vir de forma rápida, natural e confiante.

A melhor coisa que você pode fazer para cortejar uma mulher é buscar o Senhor. Totalmente. Sem parar.

Se você tirar um tempo para descobrir sua identidade e o que é verdade sobre você de acordo com a Palavra de Deus, provavelmente estará mais confiante e seguro ao cortejar uma mulher. Se você separar um tempo para encontrar a liberdade de algumas de suas lutas e pecados passados, você será uma pessoa mais saudável que é capaz de pensar, raciocinar e cortejar uma mulher com mais confiança. Notar oportunidades que a vida de solteiro permite, mostra a Deus que você está se apropriando desta fase da vida e ajuda você a se contentar com onde Deus o colocou.

Nossas vidas não são sobre nós. De fato, Deus não precisa de nós para se sustentar. Sendo assim, nossas vidas devem ser dedicadas para seguir as vontades e se submeter aos desejos de Deus, para que possamos glorificá-lo como Ele merece. Submeter-se aos desejos de Deus dentro da fase de solteiro é uma das melhores maneiras de indicar a Deus que você deseja a vontade dele acima da sua.

Em Mateus 25, Jesus contou a história de um homem que deu ouro a três de seus servos. A um servo ele deu cinco sacos, a outro dois e a outro um. O homem saiu por um longo tempo, então, quando voltou, perguntou a seus servos o que cada um havia feito com o ouro que ele lhes havia confiado. O servo que recebeu cinco sacos disse que havia depositado o ouro e ganhou juros sobre o depósito, dobrando o ouro. O servo com os dois sacos de ouro fez a mesma coisa e acabou com quatro sacos por causa dos juros que havia acumulado em seu investimento. No entanto, o servo com uma bolsa disse que havia enterrado o único saco de ouro no chão para protegê-lo e mantê-lo seguro. Jesus nos diz que o homem estava muito satisfeito com os servos que haviam duplicado seus tesouros. Ele disse a eles: "Muito bem, servo bom e fiel! Você foi fiel no pouco; Eu o porei sobre o muito. Venha e participe da alegria do seu senhor!" (NVI) Mas para aquele que havia enterrado seu tesouro, o homem ficou muito decepcionado com ele e exigiu que seu único saco de ouro fosse dado ao homem com dez sacos.

  Somos chamados a investir nos tesouros que Deus nos deu em oportunidades que trazem mais glória ao Senhor. Ele lhe deu alguns sacos de ouro nesta fase de solteiro e você tem a oportunidade de multiplicar esses tesouros. Ter uma esposa é um presente e Deus nos confiará um casamento, pois provamos ser fiéis às pequenas coisas que Ele nos deu. Seu cortejo por uma mulher começa com sua busca por Deus.

Uma pergunta
Qual foi o meu motivo para ler este livro? Foi para submeter minha vida à vontade de Deus ou para afirmar minha própria agenda e plano? Estou em um lugar onde, no fim das contas, quero que a vontade de Deus seja feita na minha vida?

Uma Mudança
Pergunte a um amigo se ele acha que você está pronto para namorar

alguém. Comunique ao seu amigo suas motivações e desejos de querer namorar.

Uma Oração

Senhor, enquanto eu considero cortejar uma mulher, ajude-me a continuar maximizando os tesouros que você me deu. Me constranja se eu colocar outra pessoa antes de você e me ensine a priorizar persegui-lo continuamente dentro do contexto de um relacionamento. Amém.

Capítulo 24

Cortejando como Cristo

Você já ouviu isso antes: São os homens que deveriam buscar um relacionamento. Mas por que os homens que devem cortejar? Muito simples, tudo se resume a seguir a liderança de Jesus. Como homens de Deus, com que pessoa é melhor aprender do que nosso Senhor e Salvador Jesus Cristo?

Jesus teve uma noiva. Esta noiva não era uma mulher, mas em vez disso a Bíblia nos diz que a noiva de Jesus era a igreja. Os homens devem aprender a cortejar suas noivas como Cristo cortejou a igreja.

Quando Jesus cortejou sua noiva, Ele o fez como um ato de amor. Jesus amava sua noiva tão profundamente que deu sua vida por ela. Da mesma forma que Jesus serviu sua noiva com amor, consideração e alegria, um homem cristão deve cortejar a mulher em quem está interessado.

Há três coisas para aprender com a maneira como Jesus cortejou sua noiva.

Submissão à Vontade de Deus

Nada do que Jesus fez estava fora da vontade, desejo e plano de seu Pai. Melhor ainda, Jesus se submeteu totalmente à vontade que seu Pai tinha para sua vida e escolheu seguir os planos de Deus para si mesmo, em vez dos seus. Jesus confiou em Deus, estava totalmente alinhado à vontade de Deus e constantemente se lembrava da missão que Deus lhe havia dado.

Ao se tornar o sacrifício perfeito para a humanidade, Jesus sabia que submeter-se totalmente ao plano de seu Pai traria a maior glória a Ele. Da mesma forma, você e eu devemos tentar viver uma vida como Cristo, na qual nos entregamos completamente ao nosso Pai celestial. Nossos empregos, ministérios e até mesmo nossos relacionamentos com as mulheres não são de fato sobre nós, mas sim sobre trazer a maior quantidade de glória a Deus.

Amor Apaixonado

Uma das coisas que vemos durante a vida de nosso Senhor aqui na terra é o quão apaixonado Ele era por sua noiva. Jesus amava os outros e amava a igreja.

Vemos isso manifestado de muitas maneiras. Jesus amava tanto sua noiva que estava disposto a orar por ela. Jesus separou um tempo para pedir que a providência de seu Pai estivesse sobre a sua noiva. Jesus também estava disposto a deixar de lado seu interesse próprio para a vida da sua igreja. Ele perseverou através da tortura e da injustiça para mostrar seu amor por sua noiva. Da mesma forma, os homens cristãos devem mostrar interesse genuíno na mulher com quem querem se casar, encontrando maneiras de mostrar amor por ela, publicamente e em particular.

Compromisso Contínuo

A coisa bonita sobre Jesus cortejar sua noiva é como Jesus continua a amar sua noiva dois mil anos depois. Jesus estava casado com sua noiva, a igreja, durante o primeiro século d.C. Agora, enquanto Ele está sentado à direita de Deus, Cristo ainda está disponível para aqueles que o amam.

Jesus intercede em nosso nome, nos persegue quando estamos perdidos e nos perdoa quando estamos errados. Essas coisas não são limitadas ao cristão apenas uma vez em sua vida, mas estão disponíveis para o homem a cada momento de sua vida. A relação entre o homem e a mulher deve ser caracterizada pelo cortejo contínuo dela por ele. Os homens devem estar disponíveis para suas esposas, prontos para ouvir e ansiosos para atendê-las em suas necessidades. Os homens devem ser rápidos em perdoar as ofensas e irregularidades de suas noivas e serem rápidos também em confessar os seus próprios erros e ofensas.

Eu encorajo você a procurar se tornar como Cristo e persegui-lo em todas as suas iniciativas. Não olhe apenas para Cristo em busca de conselhos ou ajuda para cortejar uma mulher, mas sim orquestre toda a sua vida para se parecer com a de Cristo. Ao passar o tempo com Cristo, aprendendo e buscando se tornar como ele, você deve, por sua vez, começar a adotar os mesmos princípios e métodos dele em busca de uma noiva.

Permanecer enraizados em Cristo é o lema mais uma vez. Seja um discípulo dele. Aprenda com Ele, saiba mais sobre Ele, seja como Ele. Acima de todas as coisas deste mundo—incluindo riqueza, fama, status, saúde ou uma mulher—busque a Cristo com tudo o que você tem. Ele dirigirá seus caminhos e concederá os desejos do seu coração, conforme eles estejam de acordo com a vontade dele (Pr 16.3). Persiga Jesus porque Ele é o que mais importa.

Uma Pergunta

Você está disposto a mostrar amor sacrificial a outros homens e mulheres dentro do corpo de Cristo?

Uma Mudança

Não presuma que um relacionamento futuro simplesmente acontecerá como deveria. Faça um plano. Peça ajuda a Deus e, em seguida, escreva algumas ações e atividades que sejam consistentes com a orientação de Deus para o cortejo de uma esposa.

Uma Oração

Jesus, obrigado pelo seu exemplo perfeito de como cortejar. Obrigado por me buscar nos meus piores dias e por iniciar um relacionamento comigo por toda a eternidade. Construa um desejo dentro de mim para aprender mais sobre como você corteja sua noiva. Amém.

Capítulo 25

Quando Cortejar

Por anos, eu fui o rapaz que disse: "A grama é mais verde do outro lado", até que um dia alguém me disse que a grama do outro lado era só uma grama e não era tudo o que falavam que era.

Não há dúvida de que tratamos nossa vida de relacionamentos da mesma maneira. Se você faz parte da igreja há algum tempo, pode sentir que o casamento é a joia da coroa da vida, já que o casamento é muito exaltado no ambiente da igreja. Ou, se você está morando com rapazes solteiros e sua comunidade é composta por outros solteiros, você pode sentir que ser solteiro é melhor do que ser casado.

Ao considerar cortejar uma mulher, tenha em mente que o casamento e a fase de solteiro são as estações para as quais Deus nos chama. Elas são igualmente importantes e igualmente valiosas. Em 1 Coríntios 7:7, Paulo escreve, "Gostaria que todos os homens fossem como eu, mas cada um tem o seu próprio dom da parte de Deus: um, de um modo; outro, de outro" (NVI). Tanto o casamento quanto a fase de solteiro são presentes de Deus e ambos são propícios para cumprir o propósito dele.

Alguns homens são verdadeiramente talentosos para permanecerem solteiros por toda vida. Paulo diz em 1 Coríntios que um homem solteiro é capaz de se dedicar aos assuntos do Senhor, já que não se preocupa em tentar agradar sua própria esposa (7.32-33). No entanto,

Paulo também incentiva e promove a união de um homem e uma mulher no casamento (1Cor 7.1-5, Ef. 5.31). O casamento e a vida de solteiro são projetados por Deus e têm o potencial de serem usados por Ele para sua própria glória. Devemos fazer um esforço para não idolatrar um desses status em detrimento de outros.

Seu maior valor não vem de uma esposa ou de seus amigos mais próximos. Sua maior conquista não é ser casado ou ser bem-sucedido ou produtivo na fase de solteiro. Em vez disso, seu maior valor é buscar uma vida de santidade para Deus. Quando você entende isso, você pode estar pronto para cortejar uma mulher.

Para Cada Um Sua Própria Estação

É importante também reconhecer que cada pessoa tem suas próprias estações. Se você é como eu, pode ter sentido pressão para se casar porque todos os seus amigos ou irmãos estavam casados. Como certas frutas só estão disponíveis em determinadas épocas do ano, no plano de Deus, cada uma das pessoas também tem sua própria estação. Cada pessoa tem uma linha do tempo para sua vida que é única para ela. Os eventos que ocorrem, os relacionamentos que se formam e os desafios que surgem são exclusivos de um indivíduo e não podem nem acontecerão ao mesmo tempo para outra pessoa. Acho tão interessante quantos de nós queremos que nosso futuro seja o mesmo de nossos vizinhos, mas estamos felizes que nosso passado tenha sido diferente. Mas devemos entender que é porque o nosso passado foi diferente, que o nosso futuro também será diferente.

Ao longo de 1 Coríntios 7, Paulo sugere várias rotas para os membros da igreja em Corinto seguirem. Ele ordena que os homens permaneçam solteiros, mas logo depois, ele ordena que um homem se case com uma mulher! Paulo sabe que não está falando com uma pessoa, mas sim com uma igreja inteira—uma igreja cheia de dezenas de histórias e cronogramas diferentes.

Comparar-se com as fases de vida das outras pessoas é a maneira mais fácil de não aproveitar a atual época de vida em que Deus o colocou. Há um começo e um fim específicos para as estações que acontecerão em sua vida e elas são muito diferentes da programação das estações do seu vizinho. Eclesiastes 3:1 nos diz: "Para tudo há uma ocasião certa; há um tempo certo para cada propósito debaixo do céu" (NVI). Cada pessoa tem suas próprias estações e você deve aprender a se contentar com as estações que Deus traz para sua vida.

Mudar de Faixa Requer o Motivo Correto

Se você já dirigiu pela rodovia de uma grande cidade, provavelmente já viu o motorista que muda de pista sem parar. Eles se movem da sua pista para a da esquerda, depois voltam para a sua pista, fazendo você balançar a cabeça e se perguntando se o motorista é realmente eficaz em toda essa mudança de pista. Quando alguém decide passar de uma pista da vida para a outra—seja em um relacionamento, carreira ou de outra forma—ele deve verificar suas motivações antes de fazer essa mudança.

A maioria de nós gosta de assumir que temos as motivações certas antes de fazer algo, mas boas ações com o coração errado são perigosas. Eu vi muitos homens buscarem um relacionamento pelas razões completamente erradas. Alguns queriam se casar para que pudessem apenas se aliviar sexualmente ou ter alguém que pudesse constantemente elogiá-los, dar atenção e a afirmação que eles desejam. Construir um relacionamento com esses motivos é uma receita para a ruína.

Em 1 Coríntios 7, Paulo sugere uma série de ações para o povo de Corinto. Para alguns, ele sugere casamento; para outros, ele sugere permanecer solteiro. Mas antes de sugerir qualquer uma dessas ações, ele dá conselhos com base nas motivações das pessoas.

Então, um homem solteiro pode entrar de cabeça, aproveitando ao máximo todas as oportunidades naquele momento de sua vida, não é errado para ele buscar ou mesmo esperar por um relacionamento. Eu conheci inúmeros homens que estão satisfeitos com sua vida de solteiro, mas ao mesmo tempo, eles estão ansiosos e animados com a possibilidade de se casar um dia.

A chave aqui é entender e operar a partir da sua verdadeira identidade. A razão pela qual muitos homens querem mudar de uma pista para outra ou de um status de relacionamento para outro é porque eles colocam muito peso em como sua identidade e valor mudariam se estivessem em um relacionamento. Se você está enraizado em Cristo, pode estar escandalosamente satisfeito com sua vida de solteiro, e ao mesmo tempo, anseia o casamento.

Vá Onde Você Pode Encontrar a Maior Santidade

O que vemos ao longo de 1 Coríntios 7 é Paulo prescrevendo diferentes soluções para diferentes pessoas na igreja. Observe que todo mandamento está enraizado na santidade. Existem muitos caminhos diferentes que se pode tomar em um relacionamento e escolher aquele que o leva a ser o mais santo é o caminho que você deve seguir.

A santidade é se tornar mais como Cristo, se tornar mais santificado e se tornar menos conformado aos padrões deste mundo. Como discípulos de Cristo, o objetivo deve ser se tornar mais santo. A santidade é correr para as ricas satisfações e prazeres de Cristo enquanto simultaneamente fugir das satisfações falsas do mundo. Assim como Paulo encoraja a igreja em Corinto a fazê-lo e conforme você vive em sua fase de solteiro, você deve se purificar de tudo o que contamina o corpo e o espírito (2Cor 7.1).

Quando você, como um homem solteiro, olha para as diferentes opções que tem para o seu status de relacionamento, deve se perguntar qual decisão o levará a se tornar mais santo. Se a pornografia e a imoralidade sexual preenchem o seu tempo, então pode ser melhor permanecer solteiro enquanto você trabalha para eliminar tais ações. Se você está crescendo em santidade e acredita que pode manter uma busca por ela nos confins do casamento, então se aproximar dessa estação pode ser o seu próximo passo.

Uma Pergunta
De qual maneira você cresceu significativamente em santidade e como solteiro continuará a buscar a santidade no contexto de namorar uma mulher?

Uma Mudança
Considere as mulheres pelas quais você se interessou no passado, bem como qualquer uma em que você possa estar interessado agora. Como sua santidade e a santidade dela foram consideradas em suas ações? Um relacionamento com a pessoa em quem você está atualmente interessado levaria vocês dois mais perto de Deus?

Uma Oração
Senhor, obrigado pela sua Palavra e como ela é clara para nós hoje. Obrigado por me permitir ser um discípulo de Cristo. Peço que você me ajude a buscar a santidade acima de todas as coisas e que verifique meu motivo e coração por querer cortejar uma mulher. Ajude-me a evitar a comparação com os outros e me capacite a tomar as decisões sábias por mim mesmo que produzem crescimento na santidade. Amém.

Capítulo 26

Como e Quando Cortejar

Se você descobrir que não é chamado para uma vida de solteiro, então, por eliminação, você é chamado para uma vida de casamento. Assim, se você é chamado ao casamento, não deve fazer questão de permanecer solteiro pelo resto da sua vida. Isso seria insalubre e desobediente no que se refere ao chamado de Deus para a sua vida.

No entanto, todo homem estará solteiro em algum momento de sua vida. Muitas pessoas serão solteiras durante a maior parte de suas vidas. Uma vez que você tenha escolhido honrar a fase de solteiro e aproveitar ao máximo todas as oportunidades, é provável que a oportunidade de cortejar uma grande mulher surja.

Ouvi inúmeras histórias de pessoas de todo o país que me dizem que conheceram seu cônjuge durante uma fase em que não estavam procurando um cônjuge. Em vez disso, essas pessoas estavam vivendo solteiros, quando mergulhavam mais fundo em seu relacionamento com o Senhor e quando aproveitavam ao máximo todas as oportunidades. Muitas dessas pessoas começaram a pensar que poderiam permanecer solteiras por toda a vida e até começaram a se preocupar com o fato de estarem "muito satisfeitas" em serem solteiras.

Isso também é provável na sua vida. Estou disposto a apostar que se você realmente se aprofundar em sua fase de solteiro e se sentir tão satisfeito a ponto de se esquecer de procurar por uma mulher, é quando você encontrará a mulher que deseja cortejar.

Espero que seja assim que aconteça com você. Espero que, ao ler este livro, você seja inspirado e equipado para aproveitar ao máximo a fase que Deus tem para você agora e, ao fazê-lo, se você for chamado ao casamento, uma grande mulher será apresentada a você.

Então, o que você fará quando conhecer essa grande mulher? Bom, espero que você esteja satisfeito e cheio de alegria em viver sua vida de solteiro que, a princípio, você possa imediatamente desconsiderá-la. Mas como eu disse, se você sabe que não é chamado a uma vida de solteiro e de fato é chamado a uma vida de casamento, então é nobre da sua parte dar um passo corajoso de fé e tentar cortejá-la.

Cortejar uma mulher funciona melhor quando você está perseguindo Cristo em primeiro lugar. A partir dessa fundação, você é capaz de mostrar a ela a mesma quantidade de amor, sacrifício e compromisso que Cristo mostrou a você.

Agora, tudo bem se uma mulher te cortejar inicialmente, mas não deixe que isso se torne uma norma em seu relacionamento com ela. Conheço muitas mulheres que deram o primeiro passo com um homem que estava completamente alheio, mas depois foram capazes de se submeter à sua liderança.

Se você está interessado por uma mulher, não espere até saber se ela gosta de você ou não. Comece o cortejo. Mostre a ela que você está interessado convidando-a para uma refeição ou talvez comprando flores ou um café para ela. Para muitos homens cristãos, as coisas andam rápido, então, à medida que você inicia seu cortejo, aqui estão algumas coisas para ter em mente.

Cristalino Não é Claro o Suficiente

As mulheres merecem clareza e ser pouco claro é ser indelicado. Sejamos honestos, os homens também merecem. Mas os homens são os que devem liderar criando uma cultura de clareza em um relacionamento. Quanto mais claro você puder ser sobre suas intenções, mais rápido poderá passar pelo ciclo de namoro. No mundo de hoje, é muito fácil para os homens sentarem e deixarem as mulheres darem as ordens, mas a falta de liderança masculina nos estágios iniciais de um relacionamento incentiva todos os tipos de problemas futuros no casamento. Como líder do cortejo, você tem a oportunidade de estabelecer uma comunicação clara.

Quando você começar a cortejar uma mulher, deixe-a saber suas intenções. Você não está começando a falar com ela para ganhar atenção ou ter uma nova melhor amiga; você está começando esse relacionamento com um propósito em mente.

Deixar isso claro envolve comunicar suas intenções para namorar, mas também significa definir o namoro e o que isso significa para cada um de vocês. A maneira como você vê o namoro pode ser diferente da visão dela. Faça questão de ser consistentemente claro sobre o status do seu relacionamento, seus sentimentos e suas intenções. Se você sente que está constantemente afirmando o óbvio, então você está fazendo certo.

Persistente Mas Não Incômodo

Você se lembra de como Jesus te alcançou? Provavelmente houve algumas vezes em que Jesus tentou se envolver em um relacionamento mais significativo com você, mas você pode ter ignorado a chamada. Mas isso não o impediu. No contexto do namoro, se você estiver realmente interessado, corteje como Jesus e não pare. Mostre seu amor através de suas ações de cortejo.

Você não quer exagerar e cortejar tanto que ela se sinta como se estivesse sendo caçada. Em vez disso, faça questão de entender que tipo de atenção ela quer e faça essas coisas por ela. Algumas das maneiras pelas quais você não está imediatamente inclinado a cortejá-la podem ser alguns dos atos que trazem mais alegria a ela. Estude seu comportamento e faça perguntas sobre ela. Saiba do que ela gosta e não gosta e mostre interesse genuíno por ela. Se for um tempo de qualidade, então passe um tempo juntos. Se forem flores, então envie flores. Cada mulher será diferente, mas toda mulher apreciará o cortejo. Se ela lhe fizer perguntas, dê a ela respostas ponderadas e ao mesmo tempo deixe-a aprender sobre você. Fazer isso ajudará você a passar pelo processo de namoro mais rapidamente.

Se ela ficar desinteressada, você saberá pelas palavras ou pelas ações dela. Se você construiu uma cultura de comunicação clara, você saberá. Se for esse o caso, não se torne assustador ou estranho, incomodando-a ou tentando forçar algo com ela. Respeite onde ela está na vida e entenda que Deus ainda está ao seu lado e está trabalhando de maneiras que você não vê. Não deixe Satanás enganá-lo, fazendo-o pensar que tem algo errado com você. Lembre-se da sua identidade e saiba que ela também tem um relacionamento com o Senhor. Deus pode estar fazendo algo na vida dela, e você não quer atrapalhar isso. Peça a Deus para lhe mostrar se e quando você deve parar de cortejar uma mulher se a fase, o momento ou o relacionamento não estiverem certos.

Quando o Casamento é o Objetivo?

Se você se encontra romanticamente interessado em alguém e vocês dois expressaram um desejo compartilhado de estar em um relacionamento, então o casamento deve ser o objetivo. Como homem, você deve se esforçar para conduzir graciosamente e amorosamente o relacionamento em direção ao alvo do casamento.

Se você está solteiro e se sente chamado para uma vida de solteiro, então o casamento nunca deve ser um objetivo para você. Agora, se você está solteiro e não se sente chamado a uma vida de solteiro, o casamento deve ser um objetivo e algo pelo qual você se esforça. Mas seu objetivo final em ambos os casos deve ser buscar a santidade e se submeter à vontade de Deus.

De fato, deve ser o principal objetivo de todos os homens temer a Deus e obedecer aos seus mandamentos. Jesus nos diz que o casamento não é eterno, mas nosso amor um pelo outro e por Deus é (Mt 22.30). Você e eu ficaremos face a face com Deus um dia e prestaremos contas de como maximizamos e investimos nas fases em que Deus nos colocou.

Você está pronto para entrar totalmente de cabeça nesta época da vida? Você pode investir os sacos de ouro que lhe foram confiados e criar um retorno sobre o investimento que você faz agora? A boa notícia é que Deus é gracioso o suficiente para sempre nos dar outra chance e Ele está disposto a nos dar as ferramentas que precisamos para viver uma vida que o honre. Você pode fazer isso e pode encontrar um contentamento inacreditável em sua fase de solteiro agora. Vamos construir uma vida de busca pelo que realmente importa!

Uma Pergunta
Como seria para você viver uma vida de solteiro e estar tão satisfeito que você se esquece de namorar e procurar uma mulher?

Uma Mudança
Pergunte a uma mulher confiável (uma mulher casada seria melhor) sobre como conduzir um relacionamento com clareza. Pergunte a ela sobre o que e como ser claro com uma mulher que você esteja interessado.

Uma Oração
Senhor, obrigado por me colocar na terra para um momento como este. Ajude-me a me submeter à sua vontade em vez da minha e a construir uma vida que seja verdadeiramente focada no seu reino. Ao cortejar uma mulher, uma filha de Deus, me ajude a ser intencional, gentil, carinhoso e compassivo com ela. Ajude-me a continuar seguindo o Senhor, conforme considero cortejar uma mulher. Amém.

Notas

Capítulo 4

1 Strauss, Mark L. 2007. Four Portraits, One Jesus. Grand Rapids, Michigan: Zondervan, 151.
2 Ibidem, 130.
3 Veja Deuteronômio 22:5
4 Pearcey, Nancy R, A Guerra Tóxica Contra A Masculinidade (Grand Rapids:Baker Books, 2023), 15.

Capítulo 8

1 Linder, Jannik. "Pornography Industry Statistics." [Estáticas da Indústria Pornográfica] GITNUX. Acesso em: 29 de Junho, 2024. Disponível em: https://gitnux.org/pornography-industry-statistics/.
2 Ibidem.
3 Black, Sam. "The Porn Circuit." Covenant Eyes, (2020). Acesso em: 29 de Junho, 2024.

Capítulo 10

1 Veja Mateus 21 quando Jesus esvazia o templo.
2 Delony, John. 2020. Redefining Anxiety: What It Is, What It Isn't, and How to Get Your Life Back. Ramsey Press.
3 Finkelhor, D., Hotaling, G., Lewis, I. A., & Smith, C. (1990). Sexual abuse in a national survey of adult men and women: Prevalence, characteristics and risk factors. [Abuso Sexual em uma pesquisa nacional com homens e mulheres adultos: prevalencia, caracteristicas e fatores de risco]. Child Abuse & Neglect 14, 19-28. doi:10.1016/0145-2134(90)90077-7. Disponível em: https://pubmed.ncbi.nlm.nih.gov/2310970/

Capítulo 12

1 Groeschel, Craig. "Can You Trust God?" [Você Pode Confiar em Deus?] Sermão na igreja Life.Church, em Edmond, OK, 25 de Outubro de 2020.

Capítulo 13

2 Eu recomendo doar através da Compassion International. Disponível em: www.compassion.com.
3 Confira Efésios 12:17-20.

Capítulo 15

1 "Relatório Trimestral Sobre Dívida e Crédito das Famílias." New York Fed. Acesso em: 1 de Maio, 2019. Disponível em: https://doi.org/https://www.newyorkfed.org/medialibrary/interactives/householdcredit/data/pdf/hhdc_2019q1.pdf.
2 "Millennials and Retirement." [Milênicos e a Aposentadoria] Ramsey Solutions. Acesso em: 27 de Setembro, 2021. Disponível em: https://doi.org/https://www.ramseysolutions.com/retirement/millennials-research.
3 "Viver de salário em salário é um modo de vida para a maioria dos trabalhadores dos EUA, de acordo com a nova pesquisa da CareerBuilder." CareerBuilder. Acesso em: 24 de Agosto, 2017. Disponível em: https://doi.org/https://press.careerbuilder.com/2017-08-24-Living-Paycheck-to-Paycheck-is-a-Way-of-Life-for-Majority-of-U-S-Workers-According-to-New-CareerBuilder-Survey.
4 "O estado das finanças pessoais na América do segundo trimestre 2023." Ramsey Solutions. Acesso em: 26 de Novembro, 2023. Disponível em: https://doi.org/https://www.ramseysolutions.com/budgeting/state-of-personal-finance.
5 Ramsey, Dave. Baby Steps Millionaires. [Milionários a Passos de Bebe] (Nashville: Ramsey Press, 2022).
6 Eu uso o aplicativo EveryDollar.
7 Acesse RamseySolutions.com para conferir artigos, aplicativos e podcasts gratuitos.

Capítulo 16

1 "Exercise: 7 Benefits of Regular Physical Activity." [Exercício: 7 benefícios da atividade física regular] Mayo Clinic. Acesso em: 6 de Agosto, 2023. Disponível em: https://doi.org/https://www.mayoclinic.org/healthy-lifestyle/fitness/in-depth/exercise/art-20048389.
2 Whitney, Donald. 1991. Disciplinas Espirituais para A Vida Cristã. NavPress.
3 Maxwell, John C. 2014. Good Leaders Ask Great Questions. Center Street.
4 O milkshake de chocolate com menta do Chick-fil-A é o melhor milkshake do mundo. Na minha opinião.

Capítulo 17

1 Cathy, Truett S. 1989. It's Easier to Succeed Than to Fail. Thomas Nelson, Inc.

Capítulo 18

1 Fidell, Miles. "I Can't Do This Alone." [Eu não posso fazer isso sozinho]. Sermão na Igreja Auburn Community, em Auburn, AL, 17 de Maio de 2020.
2 Ibidem.

Capítulo 20

1 Piper, John. Alegrem-se os Povos! (Grand Rapids: Baker Academic, 2023).

Agradecimentos

Este livro não teria sido possível sem orações e contribuições de tantos indivíduos. Gostaria de agradecer a alguns deles aqui.

De cafés da manhã nos aeroportos à mensagens de texto tarde da noite, gostaria de agradecer a Kyle Dennard pela maneira como ele me desafiou e me aconselhou em relação a todos os detalhes deste livro.

Obrigado a Jacob Fierer que me ajudou a fazer um levantamento de títulos de livros e articular claramente a mensagem que eu tinha para rapazes solteiros.

Obrigado ao meu pai, pela sua honestidade e pelo incentivo que me deu durante todo o processo de escrita do livro.

E agora, como um homem casado, gostaria de agradecer à minha esposa, Milena, por acreditar em mim, me apoiar e me encorajar a lançar este livro! Obrigado por me dar tempo e espaço para trabalhar neste projeto e por suas orações fervorosas enquanto lançamos isso juntos.

Agradeço a Deus por Ele ter me permitido tempo, experiência e recursos para produzir este trabalho e porque Ele me ama incondicionalmente, apesar de quão imperfeitos foram meus anos de solteiro. Que Ele receba toda a glória e louvor!

Também por
Sam McManus

Pare de orar desejando que seus anos de solteiro acabem.

Descubra 75 orações exclusivas para o homem solteiro e comece a mudar sua vida hoje mesmo.

www.ingramcontent.com/pod-product-compliance
Lightning Source LLC
LaVergne TN
LVHW041631060526
838200LV00040B/1528